KRE

Cristina Pacheco

Mar de historias

Relatos del México de hoy

Herausgegeben von
Karl-Heinz Anton

W0049149

Philipp Reclam jun. Stuttgart

Diese Ausgabe darf nur in der Bundesrepublik Deutschland, in Österreich und in der Schweiz vertrieben werden.

RECLAMS UNIVERSAL-BIBLIOTHEK Nr. 19804
Alle Rechte vorbehalten
Copyright für diese Ausgabe
© 2011 Philipp Reclam jun. GmbH & Co. KG, Stuttgart
Copyright für den spanischen Text © Cristina Pacheco
Umschlagabbildung: Warnschild an der US-amerikanisch-mexikanischen Grenze
Gesamtherstellung: Reclam, Ditzingen. Printed in Germany 2011
RECLAM, UNIVERSAL-BIBLIOTHEK und RECLAMS
UNIVERSAL-BIBLIOTHEK sind eingetragene Marken
der Philipp Reclam jun. GmbH & Co. KG, Stuttgart
ISBN 978-3-15-019804-9

www.reclam.de

Inhalt

La vuelta del emigrante

«¡Va el golpe, va por'ai!» Sixto sube a la banqueta a
tiempo para no ser arrollado. Mientras el diablero se
aleja, él se pregunta si realmente estará caminando
5 por Todosantos. Hace apenas ocho años que salió de
aquí y ahora tiene que esforzarse para reconocer la calle: parece más angosta y sombría. Por un momento
sospecha haberse equivocado y se detiene a leer la placa en una esquina: «Todosantos. Antes San Dositelo.»
10 Atribuye su confusión al fatigoso viaje desde Okla-
homa. Lo asombra pensar en la cantidad de kilóme-
tros que recorrió de ida, en pos de un sueño; de regreso, en busca de un refugio en El Avispero.
Desde que se fue de México Sixto no tuvo ninguna
15 comunicación con sus vecinos; sin embargo, recuerda
con exactitud sus nombres y apodos. Lo intriga saber
qué habrá sido del Rafa, La Señito, Maclovia, Lucha,
Rodolfo, El Gorila, doña Bona. El recuerdo de la mu-

---

2 **¡Va el golpe, va por'ai!:** Platz da!, Zur Seite! • **la banqueta** (Méx.):
Straßenrand, Bürgersteig. • 3 **arrollar:** überfahren. • **el diablero**
(Méx.): Mann mit Handkarren. • 7 **angosto/a** (Am.): eng. • **sombrío/a:**
dunkel, düster. • 8 **detenerse:** anhalten, stehenbleiben. • 8f. **la placa:**
(Straßen-)Schild. • 10 **atribuir algo a alg./algo:** jdm. / einer Sache etwas zuschreiben. • **fatigoso/a:** ermüdend, beschwerlich. • 11 **asombrar
a alg.:** jdn. verwundern. • 12 **recorrer:** zurücklegen (Strecke). • **en pos
de algo:** hinter etwas her. • 13 **en busca de algo:** auf der Suche nach etwas. • **el avispero:** Wespennest; hier Name des Heims, in dem Sixto
versorgt wird. • 16 **el apodo:** Spitzname. • 16f. **lo intriga saber qué …:**
er möchte zu gerne wissen / ist gespannt, was …

jer opulenta y rubia lo excita y le provoca una sonrisa
perversa:

¡Pinche güera! Fingía no verme asomado a la venta
y se paseaba desnuda, moviendo las chichotas para ca-
5 lentarme. A ver si ahora como ronca duerme y se
apunta con un cuiqui.

El perro flaco que huye de una amenaza lo lleva a
pensar en Rambo y Killer. La posibilidad de que hayan muerto aviva su añoranza por las noches de su in-
10 fancia en que subía con Rafa a la azotea para verlo
adiestrar a los cachorros. Después lo conducía hasta el
pretil para que oyera la forma en que, desde las altu-
ras, insultaba a las muchachas: «Chaparrita, pst, chaparrita; mira mira lo que se me estira …»

15 En un rápido balance de sus afectos, Sixto identifica
a Rafael como su único amigo: él lo descubrió agaza-
pado en un quicio, se condolió de su aspecto miserable y lo llevó con La Señito para que lo dejara vivir en

---

1 **opulento/a:** üppig. • **excitar:** erregen, reizen. • 2 **perverso/a:** hier:
lasterhaft, lüstern. • 3 **pinche** (Méx., fam.): mies, erbärmlich. • **la güera** (Méx.): Blondine. • **fingir** (+ inf.): so tun als ob … • **asomado/a a la
venta(na):** am Fenster stehend (*asomarse:* sich zeigen, erscheinen). •
4 **las chichotas** (fam.): große Brüste. • 4f. **calentar a alg.** (fam.): jdn.
(sexuell) erregen, scharf machen. • 5 **roncar:** schnarchen. • 6 **apuntar-
se con un cuiqui:** sich zu einem spontanen kurzzeitigen Geschlechts-
verkehr bereitfinden. • 7 **flaco/a:** dünn, mager, schmächtig. • **la amenaza:** (Be-)Drohung. • 9 **avivar:** beleben, verstärken. • **la añoranza:**
wehmütige Erinnerung, Sehnsucht. • 10 **la azotea:** Flachdach, Dachterrasse. • 11 **adiestrar:** dressieren, abrichten. • **el cachorro:** junger
Hund. • 12 **el pretil:** Geländer, Brüstung. • 13 **la chaparrita** (Méx.,
fam.): Mädchen; hier: Süße. • 14 **estirarse:** sich dehnen, strecken. •
15 **el balance:** Bilanz; hier: Überprüfung. • **el afecto:** Zuneigung; hier:
Gefühl. • 16f. **agazaparse:** sich verstecken, ducken. • 17 **el quicio:**
Türangel, Türrahmen. • **condolerse de:** Mitleid haben mit.

uno de los cuartos de la azotea. Después lo presentó
en el mercado y consiguió que el vendedor de coronas
de muerto lo tomara como ayudante. Sixto es feliz al
recordar que cuando su patrón se distraía, él sacaba
5 de las ofrendas una flor para salvarla del triste destino
que aguardaba a los otros nardos y azucenas: secarse
en los camposantos.

Pese a la diferencia de edades, Rafa lo trató siempre con respeto y nunca le mostró curiosidad por sa-
10 ber lo que otros le preguntaban: «¿En serio no conoces a tus padres? ¿Qué se siente vivir en un hospicio?
¿Nadie quiso adoptarte? ¿Tienes hermanos?»

Aborrecía sobre todo esta pregunta y espera jamás
volver a oírla. Le recuerda su desesperación cuando
15 vio que una señora tomaba de la mano a Joaquín
mientras él permanecía en el locutorio del hospicio.
Quiso saber adónde se llevaban a su hermano y no
obtuvo respuesta. Su impotencia y su desamparo, con-
vertidos en llanto, vencieron el adusto silencio de la
20 madre Adelaida: «Aquí no podemos tenerlos a los
dos. Da gracias a Nuestro Señor de que hayamos en-
contrado lugar para ti. Ya veremos si después hay manera de que te reúnas con él.»

---

1 **el cuarto:** Raum, Mansarde. • 2 f. **la corona de muerto:** Totenkranz. •
3 **el/la ayudante:** Gehilfe/Gehilfin. • 5 **la ofrenda:** Opfergabe; hier:
Kranz. • 6 **el nardo:** Narde (wohlriechende, ölhaltige Pflanze). • **la
azucena:** Lilie. • 7 **el camposanto:** Friedhof. • 8 **pese a:** trotz. • 11 **el
hospicio:** Waisenhaus. • 13 **aborrecer:** verabscheuen, hassen. • 14 **la
desesperación:** Verzweiflung. • 16 **el locutorio:** Sprech-, Besuchszim-
mer. • 18 **la impotencia:** Machtlosigkeit, Hilflosigkeit. • **el desamparo:**
Verlassenheit, Schutzlosigkeit. • 19 **el llanto:** Jammern, Weinen. •
adusto/a: finster, düster; hier: streng.

Sixto nunca volvió a ver a Joaquín y en cinco años sólo tuvieron dos breves conversaciones telefónicas: una desde el asilo en Lagos de Moreno, y otra desde una terminal: «Me escapé. Un señor que me vio ha-
5 ciendo talacha en la refaccionaria me dijo que puede llevarme a Tijuana para que le ayude en su negocio. Va a comprarme el boleto y todo. Nomás que sepa dónde voy a vivir, te hablo para darte la dirección.»

La hazaña de su hermano lo llevó a interesarse más
10 en las conversaciones de sus compañeros en el hospi- cio. De distintas edades, pelones, tiñosos, con las ro- pas muy estrechas o demasiado amplias, hartos de la sopa turbia que les servían las galopinas, sólo habla- ban de un tema: huir.

15 Las responsables del comedor eran dos «mayoras»: Leopolda y Saturnina. Mientras servían cucharazos de comida en los tazones de peltre, eran capaces de ad- vertir en la expresión de los huérfanos hasta el míni- mo gesto de repugnancia: «¿No te gusta? Pues te que-
20 das sin tragar hasta mañana. Lárgate al patio. A ver: si hay otro príncipe al que le desagrade la sopa, que le- vante la mano.»

---

4 **la (estación) terminal:** Endstation. · 4f. **hacer (la) talacha** (Méx.): aushelfen; Reparatur-, Mechanikerarbeiten durchführen. · 5 **la refac- cionaria** (Méx.): Reparaturwerkstatt. · 7 **el boleto** (Am.): Fahrkarte. · **nomás que** (+ subj.; Am.): sobald. · 9 **la hazaña:** Heldentat. · 11 **pe- lón, -ona:** arm(selig). · **tiñoso/a:** schäbig. · 13 **turbio/a:** trüb. · **el ga- lopín / la galopina:** Küchenjunge/-mädchen. · 16 **un cucharazo de ...:** ein Schöpflöffel voll ... · 17 **el tazón de peltre:** großer Zinnbecher. · 17f. **advertir algo:** etwas bemerken. · 19 **la repugnancia:** Abscheu, Ekel. · 20 **lárgate:** fort mit dir, (hau) ab. · 21 **el príncipe:** Prinz; hier (fig.): verwöhnter Bengel. · **desagradar a alg.:** jdm. missfallen.

Una bocanada amarga inunda la boca de Sixto. Presiente el vómito, se acerca al arroyo y con la cabeza inclinada espera deshacerse de la carga que lo envenena. Con la manga de su chamarra se limpia el sudor
5 que le empapa la cara y sigue caminando. En el zaguán de una vecindad descubre a una niña de pantalones entallados restregándose contra el cuerpo de un hombre. Incómodo por su presencia, el desconocido lo reta: «¿Se te perdió algo, pendejo?»
10 Sixto niega con la cabeza y remprende la marcha. Lo asalta el deseo de regresar e interrumpir a la pareja para aclararle que sí perdió algo: su calle de la infancia, la calle con que soñó mil veces mientras permanecía en los campos extranjeros inclinado cortan-
15 do, empacando, fundiéndose al rayo del sol, agrietándose al golpe de las ráfagas heladas. Por las noches, en el galerón compartido con otros 40 trabajadores, el cansancio le impedía dormir. Para hacer menos crue-

---

1 **la bocanada:** ein Mund voll (Flüssigkeit). · 1 f. **presentir:** ahnen, spüren. · 2 **el vómito:** Erbrechen. · 3 **inclinar:** beugen, neigen. · **deshacerse de algo:** sich einer Sache entledigen, etwas loswerden. · 4 **la chamarra:** (Woll-)Jacke. · 5 **empapar:** befeuchten, feucht werden lassen. · 5 f. **el zaguán:** Hausflur. · 6 **la vecindad** (Méx.): Wohnblock. · 7 **entallado/a:** enganliegend, tailliert. · **restregarse:** sich anschmiegen. · 8 **incómodo/a:** hier: gestört, belästigt. · **el desconocido / la desconocida:** Unbekannte(r), Fremde(r). · 9 **retar:** herausfordern, beschimpfen. · **el pendejo** (Am.): Blödmann. · 10 **re(e)mprender la marcha:** seinen Weg fortsetzen, weitergehen. · 11 **lo asalta el deseo:** in ihm steigt der Wunsch auf. · 13 f. **permanecer:** sich aufhalten. · 15 **empacar:** (ver)packen. · **fundirse** (Am.): sich zugrunde richten. · 15 f. **agrietarse:** rissige Haut bekommen. · 16 **la ráfaga:** Windstoß. · 17 **el galerón** (Am.): Schuppen. · **compartir algo con alg.:** etwas mit jdm. teilen.

les las horas de insomnio, se imaginaba caminando
por Todosantos.

Esa calle anhelada no se parece a la que ahora reco-
rre. Las casas se convirtieron en edificios o en ruinas;
5 donde había talleres y comercios, hay cortinas metáli-
cas bajadas y remolinos de basura. La policlínica des-
apareció y se transformó en bodega de productos coreanos. El restaurante de don Luis cedió su espacio a
una barra sushi. Del salón de belleza Malibú sólo que-
10 da el letrero.

Sixto se detiene para ver a los niños. Juegan en ple-
no arroyo, entre borrachos que hacen de su embriaguez una bandera, drogadictos que caminan como
sonámbulos, ancianos harapientos que hurgan en los
15 montones de basura, prostitutas que exhiben sus car-
nes y su hartazgo, vendedores que pregonan desde la
angustia de su desesperanza.

Suspira aliviado cuando ve a lo lejos el letrero lumi-

---

1 **el insomnio:** Schlaflosigkeit. • 3 **anhelar:** herbeisehnen (*el anhelo:*
Sehnsucht, Verlangen). • 3f. **recorrer una calle:** durch eine Straße gehen. • 6 **el remolino:** Wirbel; hier: Haufen. • 7 **la bodega:** hier (Am.):
(Lebensmittel-)Geschäft. • 8 **ceder su espacio a algo:** einer Sache
Platz machen, weichen. • 10 **el letrero:** (Laden-)Schild. • 11f. **en ple-
no arroyo:** mitten im Bach. • 12f. **hacer una bandera de algo** (fig.):
sich einer Sache rühmen, etwas zur Schau stellen. • **la embriaguez:**
(Be-)Trunkenheit, Rausch. • 13 **el drogadicto / la drogadicta:** Drogen-
süchtige(r). • 14 **el sonámbulo / la sonámbula:** Schlafwandler(in). •
harapiento/a: zerlumpt. • **hurgar:** wühlen, stochern. • 15 **exhibir algo:**
etwas vorzeigen, mit etwas prahlen (*la exhibición:* Zurschaustellung). •
16 **el hartazgo:** Überdruss, Widerwille. • **pregonar:** (eine Ware zum
Verkauf) ausrufen. • 17 **la desesperanza:** Hoffnungslosigkeit, Verzweiflung. • 18 **suspirar:** seufzen. • **aliviado/a:** erleichtert. •
18f. **luminoso/a:** erleuchtet, leuchtend.

noso del hotel Cairo. Antes de emigrar trabajó allí como mandadero: subía cervezas y charolas de comida a
los cuartos. «¿Qué estás mirando, escuincle puñetero?
¡Sácate ya!»

5　　Recobra el optimismo. Si está en pie el hotel, es
muy posible que también lo estén la joyería Cleopatra
y la fonda Beba's. Recuerda a la dueña corpulenta,
chapeada, bigotona, caldosa. Así la apodaban los chó-
feres que hacían talacha en plena calle.

10　　El aleteo embozado de las palomas lo invita a detenerse en el atrio de Santa Brígida. La iglesia está idéntica a como la dejó, sólo que junto a sus puertas labra-
das ahora hay un niño que toca el violín y cuatro li-
mosneros en vez de uno. Todos lo apodaban Garabato
15　por el retorcimiento de sus brazos y piernas.

　　Cuando, antes de las seis de la mañana, Sixto salía
para trabajar en el mercado, Garabato ya estaba en el
atrio con la mano extendida. Muy tarde, de vuelta a
El Avispero, lo veía en la misma posición y se cruzaba

---

2 **el mandadero:** Laufbursche. • **subir algo:** etwas hinaufbringen, -tra-
gen. • **la charola** (Méx.): Tablett. • 3 **el escuincle / la escuincla** (Méx.,
fam.): Kind, kleiner Junge / kleines Mädchen. • **puñetero/a** (fam.):
verdammt, Mist… • 4 **¡Sácate ya!** (fam.): Hau schon ab! • 5 **recobrar:**
wiedergewinnen. • **estar en pie:** (noch) existieren, fortbestehen. •
8 **chapeado/a** (Méx.): rotwangig. • **bigotón, -ona** (Am., fam.): schnauz-
bärtig. • **caldoso/a** (fig.): abgebrüht. • **apodar a algo.:** jdm. einen Spitznamen geben. • 10 **el aleteo:** Flügelschlag, Flattern. • **embozado/a:**
verhüllt; hier: langsam, verhalten. • 11 **el atrio:** Vorhof, Vorhalle. •
12f. **la puerta labrada:** verzierte Tür. • 13f. **el limosnero / la limosnera**
(Am.): Bettler(in). • 14 **el garabato:** Haken. • 15 **el retorcimiento:**
Krümmung, Verdrehung. • 19f. **cruzar(se) la calle:** auf die andere
Straßenseite gehen, die Straße überqueren.

la calle para no soportar el olor que a esas horas rezu-
maba el cuerpo del mendigo.

Lo alegra la posibilidad de que Garabato haya
muerto y esté libre de aquella brutal exhibición a cam-
5 bio de monedas que de seguro beneficiaban a otro. La
idea le despierta un odio ciego, infantil, hacia el desconocido explotador de Garabato.

Recuerda que un día antes de irse a Estados Unidos
fue a la iglesia para rezarle al Cristo de las Maravillas.
10 Le prometió que, en cuanto regresara, volvería a visitarlo y a llevarle un milagro de oro si lo ayudaba a encontrar a Joaquín. Se siente estúpido por haber alen-
tado semejante esperanza.

Decide cumplir al menos la mitad de su promesa y
15 entra en Santa Brígida. La nave está desierta. Elige la
primera banca pero no sabe qué hacer. Oye pasos. Se
vuelve y mira a un muchacho que va directo hacia el
Cristo de las Maravillas. Adivina que el joven está a
punto de irse al «otro lado» con la esperanza de con-
20 seguir trabajo y quizá también con el anhelo de locali-
zar a un hermano del que hace muchos años no tiene
noticias. Sólo la iglesia y la miseria no han cambiado
en Todosantos.

México D. F. Domingo 5 de febrero de 2006

---

1 f. **rezumar:** ausschwitzen, ausdünsten. • 4 f. **a cambio de:** (im Tausch)
für. • 5 **beneficiar a alg.:** jdm. zugutekommen. • 7 **el explotador:** Aus-
beuter. • 11 **el milagro:** hier: Votivbild. • 12 **estúpido/a:** dumm, al-
bern. • 12 f. **alentar:** ermuntern; hier: nähren. • 15 **la nave:** (Kirchen-)
Schiff; hier: Kirche. • **desierto/a:** verlassen, leer. • 18 **adivinar:** ahnen. • 18 f. **estar a punto de hacer algo:** kurz davor sein etwas zu tun.

A causa de los dólares

I

Bajo la lluvia los dos hombres mantienen un paso regular. Avanzan en silencio pegados a la pared. José, que lleva sombrero texano con una pluma azul, carga en la espalda una mochila de lona amarilla. Eloy, el más alto, sostiene entre sus brazos una caja decorada con guerreros fantásticos. La sirena de una patrulla los paraliza hasta que el sonido se confunde con los cláxones, la música estridente que anima a un grupo de muchachos a las puertas de un edificio carcomido, las llantas de un automóvil triturando los charcos ...

Dan vuelta en la avenida y entran en una calle estrecha. De uno y otro lados se ven restorancitos mustios. Sus vidrieras están plagadas de cartulinas con los menús del día. Eloy se detiene frente al Burrito's Bar.

«¿No sería bueno que comieras algo antes de subirte al bus?»

---

4 **pegados a la pared:** ganz dicht die Mauer entlang. · 5 **cargar:** hier: tragen. · 6 **la lona:** Sackleinen. · 7 **sostener:** festhalten, tragen. · 8 **guerreros fantásticos:** Phantasiebilder von Soldaten. · 9 **paralizar a alg.:** jdn. erstarren/stocken lassen. · 10 **estridente:** schrill. · 11 **carcomido/a:** verfallen. · 12 **la llanta** (Am.): Autoreifen. · **triturar:** zerkleinern, zerteilen; hier: hochspritzen lassen. · **el charco:** Pfütze. · 13 **dar vuelta:** umkehren. · 14f. **mustio/a:** traurig, düster. · 15 **la vidriera** (Am.): Schaufenster. · **plagar de:** vollstopfen mit; hier: zukleben mit. · **la cartulina:** dünne Pappe. · 16 **detenerse:** anhalten, stehenbleiben.

José sonríe y sus dientes encasquillados en oro iluminan su rostro oscuro: «No. Mejor me aguanto hasta allá, aunque todavía le cuelgue. Mi jefa me prometió hacerme un molito y tortillas echadas a mano.»

5 Eloy no responde y acelera el paso. José tiene que esforzarse para alcanzarlo: «¿Por qué tanta prisa? Es temprano.»

«Para que agarres buen lugar en el bus.»

A las puertas de la terminal un hombre envuelto en
10 un gabán pide ayuda para comprar su boleto. José y Eloy pasan de largo y tropiezan con un grupo de viajeros ruidosos. Una anciana se acerca a preguntarles cuál es el camión que va a Hermosillo. Dos mujeres sentadas en la primera fila de butacas conversan acer-
15 ca de la beatificación de Juan Diego mientras sus hijos dormitan.

«Puro paisano», exclama José, que va en dirección

---

1 **el diente encasquillado en oro:** Zahn mit Goldkrone. • 1f. **iluminar algo:** in etwas leuchten, glänzen. • 2 **el rostro:** Gesicht. • **aguantarse:** sich zurückhalten, warten. • 3 **todavía le cuelga** (Méx.): es dauert noch. • **el jefe / la jefa** (Méx., fam.): Vater/Mutter. • 4 **el molito** (dim.): *el mole* (Méx.): hier: Fleischgericht mit Chilisoße. • **echado/a a mano:** handgemacht. • 6 **alcanzar a alg.:** jdn. einholen; hier: mit jdm. Schritt halten. • 8 **agarrar:** greifen, packen; hier: (fam.): erwischen. • 9 **la terminal:** Endstation, Busbahnhof. • 10 **el gabán:** Mantel, Umhang. • **el boleto** (Am.): Fahrkarte. • 11 **pasar de largo:** weitergehen. • **tropezar con alg.:** auf jdn. stoßen, mit jdm. zusammenstoßen. • 13 **el camión:** hier (Am.): Bus. • 14 **la fila de butacas** (f.): Sitzreihe. • 14f. **acerca de:** über. • 15 **la beatificación:** Seligsprechung. • **Juan Diego:** Indio aus dem Gebiet des heutigen Mexikos (um 1474–1548), dem der Legende nach die Jungfrau Maria erschien; er wurde von Papst Johannes Paul II. 1990 selig und 2002 heilig gesprochen. • 16 **dormitar:** dösen. • 17 **puro paisano:** lauter Landsleute (*el paisano / la paisana:* Landsmann/-männin). • **exclamar:** (aus)rufen.

al registro de equipaje. Al llegar frente al empleado
mira un reloj de pared y se vuelve a Eloy: «Faltan más
de dos horas, carnal. Me hubiera dado tiempo de pasar a despedirme de Rosy.»

5 «Pos háblale por teléfono.»

«¿Y qué tal si me contesta el marido?», José suelta
una carcajada: «No me veas así. Es broma.»

Eloy hace un gesto de fastidio y señala asientos va-
cíos: «Allá te espero.»

10 «Oye, ¿y si mejor nos vamos a cenar? Tenemos
tiempo», grita José, señalando el reloj a su espalda.

II

Sentado frente a Eloy, José mete las manos en los bolsillos de su chamarra y se estremece: «No tengo frío.
15 Son puros nervios. Creí que nunca iba a volver a mi
tierra.» Ve a Eloy desviar la mirada.

«Y tú, ¿para cuándo?»

Eloy levanta los hombros y se dirige a la mesera:
«Otras dos cervezas.»

20 La empleada apunta la orden y José le sonríe pro-
vocador. Eloy aparta la cortina grasienta y en la calle

---

1 **el registro de equipaje:** Gepäckaufgabe. • 3 **el carnal** (Méx.): Kumpel. • 5 **pos** (Méx., fam.): *pues.* • 6f. **soltar una carcajada:** in schallendes Gelächter ausbrechen. • 8 **el fastidio:** Ärger, Verdruss. • 14 **la
chamarra:** Wolljacke. • **estremecerse:** zusammenfahren, zittern. •
16 **desviar la mirada:** in eine andere Richtung schauen, den Blick ab-
wenden. • 18 **el mesero / la mesera** (Méx.): Bedienung, Kellner(in). •
20f. **provocador/a:** herausfordernd. • 21 **apartar:** beiseiteschieben. •
grasiento/a: schmierig, fettig.

descubre al hombre del gabán: «Ese cuate está como yo: se va a quedar aquí en la frontera.»

José alcanza a ver al pordiosero antes de que desaparezca: «Él porque está bien fregado, tú porque no quieres.»

«¿No quiero? No puedo, capaz que Faustino y Damián me matan.»

«¿Qué les debes: una hermana o dinero?»

«Dinero: 4 mil dólares.» Eloy comprueba que nadie lo haya oído. «No se los pedí. Ellos me los encargaron y yo de pendejo agarré los billetes. En las noches me desvelo pensando qué bruto fui. Y todo por querer ayudar.»

«Cuatro mil dólares», repite José. «¿Y desde cuándo …?»

«Desde hace tres años.»

«Un chorro de tiempo. A lo mejor ya ni se acuerdan.»

«¿A quién se le olvidan 4 mil dólares?» Eloy levanta las cejas.

«A nadie. Por eso tampoco volví a San Ysidro y aga-

---

1 **el cuate** (Méx.): Kamerad, Kumpel. • 3 **alcanzar a ver:** sehen können. • **el pordiosero / la pordiosera:** Bettler(in). • 4 **fregado/a** (Am.): armselig. • 6 **capaz que** (Méx.): es kann gut sein, dass. • 11 **yo de pendejo** (Am.): ich in meiner Dummheit (*el pendejo*, Am.: Blödmann). • **agarrar:** hier: an sich nehmen. • 11 f. **me desvelo pensando qué …:** ich kann nicht schlafen, weil ich daran denken muss, wie … • 17 **un chorro de** (Méx.): ziemlich viel (*el chorro:* [Wasser-]Strahl; fig.: Schwall). • **a lo mejor:** womöglich. • 21 **San Ysidro:** südlicher Stadtteil von San Diego (Kalifornien); in San Ysidro befindet sich die Grenzstation zwischen den USA und Mexiko, auf der anderen Seite der Grenze liegt das mexikanische Tijuana. • 21 f. **agarrar:** hier (Méx., fam.): abhauen.

rré para acá. Pero no me siento seguro: un día Faustino y Damián me encuentran y me dan en la madre. Yo
en su lugar haría lo mismo.»

«¿Son conocidos o familia?»

5 «Primos.»

«Más a tu favor: diles que te esperen, que se los vas
a pagar.»

«Es que no tengo por qué pagárselos. Yo nomás re-
cibí el dinero pero no me lo gasté.» Al ver que otros
10 parroquianos lo observan, Eloy se acerca a José y be-
sa la cruz que forma con sus dedos: «Juro por ésta que
digo la verdad.»

«Híjole, está difícil.»

«¿No me crees?» Eloy no espera la respuesta: «Mis
15 primos tampoco me creerían si les dijera lo que pasó.
Por eso mejor ni le muevo y me quedo aquí.»

«¿Hasta cuándo?»

«No sé.» Eloy bebe otra vez. «Cuando pienso en lo
que me pasa se me figura que oigo a mi abuela con-
20 tándome un cuento. No lo recuerdo completo, sólo la
parte en que el hechicero condenaba a alguien diciéndole: ‹Irás y no volverás.›»

«¿Cuántos años crees que aguantes así?»

«Quién sabe. Con lo que gano no me alcanza para

---

2 **dar en la madre a alg.** (Méx., fam.): jdn. fertigmachen, jdm. etwas
Schlimmes zufügen. • 6 **más a tu favor:** gerade deshalb, dann erst
recht. • 8 **nomás** (Am.): nur. • 10 **el parroquiano / la parroquiana:**
(Stamm-)Kunde/Kundin, Gast. • 13 **híjole** (interj.; Am., fam.): Don-
nerwetter!, Teufel! • 16 **ni le muevo:** ich rühre nicht daran. • 19 **se me
figura que:** es scheint mir, als ob. • 21 **el hechicero / la hechicera:** Zau-
berer/Zauberin. • 23 **aguantar:** ertragen, aushalten; hier: durchhalten. • 24 **no me alcanza para:** es reicht (mir) nicht für.

mis gastos, menos para juntar 4 mil dólares. Desde
que me pasó esta chingadera ya ni a mi casa puedo
mandar lana. Mi gente ha de creer que ya me morí.»

«¿Tampoco les escribes?»

5   «No, porque si Faustino y Damián saben dónde estoy, vienen a buscarme, o a lo mejor se echan sobre mi
papá exigiéndole que pague los 4 mil dólares que me
entregaron. ¿Y con qué ojos? Nuestra tierra está floja,
las cosechas pobres.» Eloy da un golpe en la mesa: «Y si

10   yo no tengo culpa de nada, menos mis viejos. ¡Pobres!
Quedándome aquí tan siquiera no los perjudico más.»

«A lo macho, ¿qué pasó con el dinero? Puedes con-
fiar en mí.»

«Me lo robaron.» Eloy mira hacia la calle. Se alegra

15   de no ver al hombre del gabán: «Faustino y Damián
fueron los primeros en viajar a Tijuana y luego a San
Ysidro. Hacían de todo: corte de leña, poda de jardi-
nes, brocha gorda, plomería. Cuando estuvieron más
o menos encarrilados me mandaron llamar. Había

20   chance de meterme como lavaplatos en un restorán.
La Cotorra estaba cerca del taller del *Pifas,* donde mis
primos hacían talacha.»

---

1 **juntar:** zusammentragen, sparen. • 2 **la chingadera** (Méx., fam.): blöde Sache, Reinfall. • 3 **la lana** (Méx., fam.): Geld. • 8 **¿Y con qué
ojos?** (Méx., fam.): Und wovon soll er das bezahlen? • **flojo/a:** kraftlos, schwach; hier: schlecht, unfruchtbar. • 11 **tan siquiera:** wenigstens. • 12 **a lo macho** (Méx., fam.): etwa: mal ganz ehrlich. • 17 **la poda:** Beschneiden der Bäume. • 18 **la brocha gorda:** Streichen (von
Wänden). • **la plomería:** Klempnerei, Klempnerarbeit. • 19 **encarri-
lar:** auf den (rechten) Weg bringen. • 20 **el/la lavaplatos:** Teller-
wäscher(in). • 21 **la cotorra:** (Wellen-)Sittich; hier: Name des Restau-
rants. • **Pifas:** Kurzform von *Epifanio* (Vorname). • 22 **hacer (la) talacha** (Méx.): aushelfen; Reparatur-, Mechanikerarbeiten durchführen.

«Yo también conocí a uno que le decían *El Pifas*. ¿No será el mismo?»

Eloy no lo escucha y sigue reconstruyendo su historia: «Era muy buena onda ese señor. Nos aconsejó que
5 no mandáramos dinero por correo porque seguido se lo robaban; que mejor esperáramos a que uno de nosotros volviera al pueblo y le entregara en persona los dólares a nuestras familias.» Eloy juega con la botella de cerveza: «Como yo era el más chico pensaron que
10 me sería más fácil cruzar a México. Y yo: pa' luego es tarde. Faustino y Damián me dieron todo lo que habían juntado en más de un año de trabajo. Por despiste, escondieron los 4 mil dólares en la caja de juguetes que le llevaba a mis hermanos.»

15 «No me digas que se te perdió.»

«No. En el puente me encontré a un cuate que se ofreció a acompañarme. Era un grandote colorado. Te juro que donde lo vea …»

Los ojos de Eloy destilan rabia: «Parecía muy ama-
20 ble. Me invitó a comer. Estaba en eso cuando me dijo: ‹Orita vengo. Voy a echar una llamada. No te muevas de aquí.› Después de tres horas decidí salir a buscarlo. Cuando me levanté de la mesa noté que faltaba la caja.»

25 «¡Puta madre! ¿Lo denunciaste?»

---

3 **reconstruir:** hier: darlegen. • 4 **ser buena onda** (fam.): in Ordnung sein. • 5 **seguido:** hier: sofort. • 10 **cruzar a México:** nach Mexiko rüberkommen. • 10f. **pa' luego es tarde** (Méx., fam.): am besten sofort. • 12f. **por despiste:** als Ablenkung. • 17 **el grandote colorado** (fam.): blonder Riese. • 19 **destilar algo** (fig.): sprühen vor … • 21 **orita:** *ahorita* (Am., fam.): sofort. • **echar una llamada:** einen Anruf tätigen, telefonieren. • 25 **¡puta madre!** (Méx., fam.): etwa: So eine Gemeinheit!

«¿Cómo? ¿A quién? Nadie iba a creerme que llevaba 4 mil dólares.»

«¿Hablaste a tu casa?»

«Entonces no había teléfono en el pueblo. Ahora
5 sí.» La expresión de Eloy se ilumina: «A veces marco
el número pero me quedo en silencio, escuchando la
voz de la señorita que grita: ‹¿Bueno, bueno?›, mientras oigo ruidos o pasos en la calle y digo: ‹¿Serán de
mi mamá, de mi jefe, de alguno de mis hermanos?›»

10   México D.F. Domingo 14 de julio de 2002

_____

5 **iluminarse:** sich aufhellen.

Fantasmas del desierto

I

Óyeme y luego me dices si tengo razón o no en querer
que venga un sacerdote: eran como las once de la noche cuando llegó Isaura a mi *tungarcito*. No había
vuelto a tener noticias suyas y jamás pensé que volvería a verla. Me pareció más flaca. La saludé. Cuando
vi la bolsa que le colgaba del brazo, entendí que había
regresado con el mismo propósito de su primer viaje:
mandarle una muda de ropa a su hijo Gabriel. ¡Qué
locura!

Desde que Gabriel salió de Guanajuato, Isaura no
había sabido nada de él. Ese silencio le daría mala espina a cualquiera; a ella no, porque su corazón de
madre sigue diciéndole que su hijo vive. «¿En dónde?», le pregunté la primera noche. «En el desierto.
Escondido, esperando un buen momento para llegar
a San Diego.» No me atreví a desanimarla diciéndole
que el desierto no es amigo ni cómplice de nadie: mata, quema, enloquece a la gente – si es que antes no

---

1 **el fantasma:** Trugbild, Gespenst. · 5 **el tungarcito:** (Markt-)Bude. ·
7 **flaco/a:** dünn, mager. · 10 **la muda de ropa:** Wechselwäsche. ·
12 **Guanajuato:** zentralmexikanische Stadt im gleichnamigen Bundesstaat. · 13f. **darle mala espina a alg.** (fig.): jdn. beunruhigen, misstrau-
isch werden lassen. · 18 **San Diego:** kalifornische Großstadt nahe der
Grenze zu Mexiko. · **desanimar a alg.:** jdn. entmutigen. · 20 **enloque-
cer a alg.:** jdn. um den Verstand bringen.

le agarra la delantera alguno de los cabrones que rastrean a los que pasan para quitarles el dinero y hasta la vida.

II

5 Esto que te cuento sucedió en noviembre, así que ya va para cuatro años que conocí a Isaura. Aquella noche el aire helado le traspasaba el suetercito rabón. Cuando se acercó le ofrecí un café. «¿A cómo vale?» Uh, llevaba mucho tiempo sin oír que alguien pregun-
10 tara un precio de esa manera. Todos nomás dicen: «¿Cuánto?» Le respondí a Isaura: «Primero tómeselo.» Por lo mucho que temblaba casi no pudo agarrar la taza y me dio lástima: «¿Nadie le dijo que aquí el aire tiene filo? Venga, siéntese acá, donde el plástico
15 ataja las corrientes.»

Me miró desconfiada. Seguro pensó que esperaba un descuido suyo para quitarle la bolsa que traía colgándole del brazo. Se me hizo raro: los que van a cruzar llegan con lo que traen puesto y nada más. Necesi-

---

1 **agarrar la delantera a alg.** (fig.): jdm. zuvorkommen (*agarrar:* greifen, packen; *la delantera:* Vorsprung). • **el cabrón** (vulg.): Scheißkerl. •
1 f. **rastrear a alg.:** jdn. aufspüren, jdm. auflauern. • 5 **así que:** so dass. •
7 **traspasar:** durchdringen. • **el suetercito rabón** (Méx.): zu kurzer Pullover. • 8 **¿A cómo vale?** (Méx., fam): Was kostet das? • 10 **nomás** (Am.): nur. • 14 **el aire tiene filo:** die Luft ist schneidend kalt (*el filo:* Schneide, Schärfe). • 15 **atajar:** abhalten. • **la corriente:** hier: Luftzug. • 16 **desconfiado/a:** voller Misstrauen. • 17 **el descuido:** Unaufmerksamkeit. • 18 f. **cruzar:** hier: über die Grenze gehen. • 19 **lo que traen puesto:** was sie am Körper tragen.

tan ir ligeros para correr y ganarle a los *rangers*, al sol,
a las culebras o a los asaltantes: no sé qué será peor.
Isaura se puso nerviosa cuando apareció la patrulla de
los *Angeles Amigos*. En el rondín de medianoche pa-
5 san a verme. Siempre me recomiendan que levante
mis cosas temprano. No les hago caso: después de las
once es cuando más trabajo tengo. A esas horas todavía llegan grupos de muchachos, ancianos, niños, mujeres solas. Vienen con el estómago vacío, pero antes
10 de irse se dan un lujo que puede ser el último: tomar
algo caliente.

En cuanto los *Angeles* se despidieron le pregunté a
Isaura cuándo quería pasarse al otro lado. «¿Yo? ¡No!
Sólo vine a traerle ropa limpia a mi Gabriel. Aunque
15 estén grandes, uno sigue preocupándose por los hijos
como si fueran criaturitas. ¿A poco no?» Le respondí
que no sabía porque no tengo hijos ni marido. Isaura
me vio con admiración: «Ha de ser muy cansado atender solita un negocio como éste. ¿Trabaja todo el
20 día?» «Nomás de noche.» «Y eso ¿por qué?»

Me gustó su pregunta. Me daba un pretexto para
hablarle de mis cosas. Le conté de cuando Nicasio, su

---

1 **ganarle a alg.:** jdm. entwischen, sich vor jdm. in Sicherheit bringen. •
Los Rangers: Spezialeinheit der US-Armee. • 2 **la culebra:** Schlange. •
el/la asaltante: Angreifer(in). • 3 **aparecer:** auftauchen, erscheinen. •
4 **los Angeles Amigos:** Name einer Organisation, die Reisenden zu
Hilfe kommt. • **el rondín:** Kontrollgang. • 5 **levantar:** hier: wegräumen. • 6 **hacerle caso a alg.:** jdn. beachten, auf jdn. hören. • 9 **el estómago:** Magen. • 10 **darse un lujo:** sich einen Luxus erlauben. • 16 **la
criaturita** (dim.): *la criatura:* Kind. • **¿A poco no?** (Méx.): Oder etwa
nicht? • 18 **la admiración:** Verwunderung. • **cansado/a:** ermüdend, an-
strengend.

hermano Tomás y yo llegamos al muro y nos estuvi-
mos un buen rato agachados, esperando el momento
en que ellos pudieran pasar: «Estaba helando, temblá-
bamos. Nicasio dijo que daría cualquier cosa por to-
5 marse un café bien caliente. Imposible, aunque pudié-
ramos pagarlo, porque en todo esto no había ni siquiera un puestecito, sólo basura y charcos. ¿Se imagina?»
Isaura no me respondió: se había quedado dormida.

III

10 Aquella noche de noviembre no tuve oportunidad de
entrar en más detalles. No le dije a Isaura que Nicasio
se dio un plazo de seis meses para mandar a su hermano a buscarme. Con esa ilusión, seguí trabajando en la
casa de unos canadienses. Me despertaba con el ansia
15 de que Nicasio me llamara; anochecía con la misma
esperanza. Al año Tomás se presentó en mi trabajo.
La sorpresa fue tanta que me quedé en blanco. *¿A poco no te acuerdas de mí?*
      Llegó para avisarme que Nicasio había fallecido en
20 un hospital, a consecuencia de un accidente. No entendí o no quise entender lo que Tomás siguió dicién-
dome: *Llevábamos como cinco meses en San Diego.*

---

1 **el muro:** hier (Méx.): Grenzbefestigung. · 2 **agacharse:** niederkau-
ern. · 7 **el puestecito** (dim.): *el puesto:* (Markt-)Bude, Verkaufsstand. ·
el charco: Pfütze. · 14 **el ansia** (f.): Begierde, Sehnsucht. · 15 **anoche-
cer:** Nacht werden. · 16 **al año:** nach einem Jahr. · 17 **quedarse en
blanco** (fig.): sprachlos dastehen. · 17f. **¿A poco no te acuerdas de
mí?** (Méx.): Erinnerst du dich etwa nicht an mich? · 19 **fallecer:** sterben. · 22 **llevábamos como:** wir waren schon etwa.

Nos dijeron que Mauro, un paisano dueño de una tien-
dita, necesitaba dos ayudantes. En el camino un coche
atropelló a Nicasio: el gringo ni se detuvo. Mi hermano
quedó nomás desmayado pero no le salió sangre. Por
5 *eso y por miedo a que nos pescara la migra, seguimos*
de largo a la tienda de Mauro. Buena onda, nos dio
trabajo y cuarto. Nicasio no quería llamarte hasta que
estuviera bien. Los dolores de cabeza no lo dejaban en
paz. Mauro me aconsejó que llevara a mi hermano al
10 *hospital. No sirvió de nada: Nicasio murió y a mí me*
retacharon para acá. Me quedé muda y seca. Tomás
me malinterpretó. Mi hermano no era un gacho; me
consta que se murió con ganas de llamarte, pero si no
me crees … Mañana me regreso a Guanajuato. ¿Tú
15 *piensas quedarte aquí?*

No pude contestarle y mejor se despidió. Me pasé
toda la noche tratando de recordar lo que Nicasio y yo
habíamos platicado. Lo único que se me vino a la cabeza fue lo que dijo Nicasio antes de echarse a correr:
20 «Lo que daría por tomarme una taza de café caliente.» Entonces decidí lo que haría. En la mañana, cuando le avisé a mi patrona canadiense que renunciaba al

---

1 **el paisano / la paisana:** Landsmann/-männin. • 2 **el/la ayudante:** Ge-
hilfe/Gehilfin. • 3 **el gringo** (Am., pey.): Yankee (US-Amerikaner). •
detenerse: anhalten. • 5 **la migra** (Méx.): amerikanische Einwanderungsbehörde sowie US-Grenzpatrouille, die die Grenze zu Mexiko
überwacht (engl.: Border Patrol). • 5f. **seguir de largo** (Am.): flüchten. • 6 **ser buena onda** (fam.): in Ordnung sein. • 7 **el cuarto:** hier:
Unterkunft. • 11 **retachar** (Méx.): zurückschicken. • **seco/a:** hier (fig.):
frostig. • 12 **malinterpretar a alg.:** jdn. falsch verstehen. • **el gacho**
(Méx.): schlechter/gemeiner Kerl. • 12f. **me consta que:** ich bin mir si-
cher, dass. • 16 **mejor** (Méx.): deshalb, so dass. • 18 **platicar algo:** etwas besprechen, vereinbaren. • 19 **echarse a correr:** losrennen.

trabajo para montar un puesto de café junto al muro,
en Banderilla, la señora se quedó de a seis. Menos mal
que no le dije que lo hacía en memoria de Nicasio:
creo que se hubiera muerto.

5   IV

En el 99 era menos difícil pasar al otro lado por Tijuana. Me acuerdo que la noche en que conocí a Isaura
tuve muchísimo trabajo. Me había olvidado de ella
cuando de pronto se levantó y se acercó a enseñarme
10   una foto. «Este es Gabriel, mi hijo: ¿lo ha visto? Hace
poco atravesó por aquí.» No quise ilusionarla y le
aclaré: «Pasa mucha gente. Todos quieren que les sir-
va rápido y no alcanzo a verles ni la punta de la nariz.» A Isaura no le importó lo que dije y siguió ha-
15   blando: «Gabriel traía camisa blanca, pantalón de
mezclilla y tenis; su escapulario con San Cristóbal y la
Virgen de Guadalupe.»
    Como la descripción cuadraba con la de muchos
hombres a los que veo, le pedí a Isaura que me dijera
20   si su hijo tenía alguna seña particular. Se acarició
la frente: «Una cicatriz fruncida arriba de la ceja. Por

---

1 **montar:** hier: eröffnen. · 2 **quedarse de a seis** (fig.): verblüfft, per-
plex sein. · 2 f. **menos mal que:** zum Glück. · 6 f. **Tijuana:** Stadt im
mexikanischen Bundesstaat Baja California an der Grenze zu den
USA. · 9 **enseñar:** hier: zeigen. · 13 **alcanzar a ver:** sehen können. ·
16 **la mezclilla:** verschiedenfarbiger Stoff. · **los tenis** (Am.): Turnschu-
he. · **el escapulario:** Armband oder Halskette mit religiöser Darstellung. · 18 **cuadrar con:** übereinstimmen mit, passen zu. · 20 **la seña:**
(Erkennungs-)Zeichen, Merkmal. · 21 **fruncido/a:** faltig, wulstig.

tapársela con el pelo siempre andaba greñudo. Véalo.» Miré la foto y le pregunté a Isaura cuándo se la había tomado. «Antes de que viniera lo llevé a San Juan de los Lagos y allí se retrató. Mi hijo le puso la
5 fecha. Mire.» Al leer «15 de agosto de 1998» sentí horrible y le devolví a Isaura el retrato.

Gracias a Dios, en ese momento llegaron dos niños a pedirme un café. Isaura se les acercó: «¿Van al otro lado?» El más bajito le hizo una seña a su hermano y
10 los dos le dieron la espalda. Isaura les ofreció la bolsa: «Aquí le traigo ropa limpia a mi hijo. Necesito que se la lleven.» Acarició la foto: «Es mi Gabriel. Ha de estar escondido por allí en alguna parte.» Los niños rieron. Me acerqué a Isaura y le pedí la bolsa: «Están
15 muy chamacos y capaz de que la pierdan. Déjemela. Mañana, cuando venga alguna persona de más razón, le encargo que se la lleve a Gabriel.» Isaura estuvo conforme: «Bueno, así podrá estrenar el día de su santo: 29 de septiembre.» Dio la media vuelta y se fue.
20 Pensé que no volvería a verla, pero este lunes en la noche regresó.

Lo raro es que antes de que ella apareciera vino a mi *tungarcito* un hombre a pedir café. Se veía cansadí-

---

1 **tapar:** bedecken. • **greñudo/a:** zottig, zerzaust. • 3f. **San Juan de los Lagos:** Wallfahrtsort im mexikanischen Bundesstaat Jalisco. • 4 **retratar:** aufnehmen, porträtieren. • 6 **devolver:** zurückgeben. • 8 **van:** *vais* (im lateinamerikanischen Spanisch steht überwiegend statt der 2. Person Plural die 3. Person Plural – wenn nötig, mit »ustedes« als Personalpronomen). • 15 **chamaco/a** (Méx.): jung (*el chamaco*, Méx.: Junge). • **capaz de que** (+ subj.; Méx.): vielleicht, möglicherweise. • 18 **estrenar:** zum ersten Mal gebrauchen, einweihen. • 19 **dar (la) media vuelta:** sich umdrehen.

simo y muy necesitado. Cuando se acercó a pagarme
le descubrí una cicatriz en la frente y sin pensarlo, como si alguien me lo ordenara, saqué la bolsa con la ropa que había guardado cuatro años y se la regalé.

5   ¿Cómo ve que le hable a un padre para que le eche
la bendición a mi *tungarcito*? No creo en aparecidos,
pero esto se me hizo raro.

México D. F. Domingo 24 de agosto de 2003

---

1 **necesitado/a:** bedürftig, Not leidend. · 5 **¿Cómo ve que …?** (+ subj.;
Méx.): Was meinen Sie, soll ich …? · **el padre:** hier: Pater, Priester. ·
5 f. **echar la bendición a algo:** etwas segnen. · 6 **el aparecido:** Gespenst,
Erscheinung.

Siempre al norte

I

De todos mis tíos prefiero a Fermín. Es el más chico de los hermanos de mi papá y también el único que sigue viviendo aquí. Trabaja en la planta lechera, junto a la autopista. Sólo descansa los domingos. Cuando era novio de Carmen venía a visitarnos cada tres, cuatro semanas; desde que se pelearon lo hace todos los domingos, aunque sea tarde. Mi mamá le dice: «Se me figura que usté viene nomás por la camioneta.» Él se pone colorado y le responde: «Ay, Julieta …» Luego se va al corral.

Allí metió mi papá la camioneta desde que la trajo de Estados Unidos, no me acuerdo de dónde. La primera vez que él se fue para trabajar allá yo tenía cinco años y mi hermano Gabino tres. Cuando pasé a tercero y el Gaby entró a la escuela mi jefe llegó de sorpresa. Era sábado. Ibamos a jugar futbolito cuando mi hermano me dijo: «El señor que está en aquella camioneta nos está haciendo señas. Vamos a ver.» Nos acercamos. Era mi padre. Aunque llevaba años lejos

---

3 **chico/a**: jung. • 5 **la planta lechera**: Molkerei. • 9f. **se me figura que**: mir scheint / es kommt mir vor, als ob. • 10 **usté** (fam.): *usted*. • **nomás** (Am.): nur. • **la camioneta**: (Liefer-)Wagen. • 12 **el corral**: Hof. • 16f. **pasar a tercero**: in die dritte Klasse kommen. • 17 **el jefe / la jefa** (Méx., fam.): Vater/Mutter. • 17f. **de sorpresa**: überraschend. • 18 **jugar futbolito**: Tischfußball spielen. • 21 **llevar**: hier: zubringen.

lo reconocí en seguida. Gabino se tardó más en darse
cuenta de que era nuestro papá. «Trépense, muchachos; vámonos para la casa.»

Antes de llegar, mi padre propuso que le diéramos
5 una sorpresa a mi mamá: «Se bajan y le dicen que ahí
la busca un señor.» Obedecimos. Mi madre salió se-
cándose las manos en el delantal y muy molesta de
que hubiéramos hablado con un desconocido. Cuando
vio a mi jefe por poquito y se desmaya, y más cuando
10 él le explicó que la camioneta era nuestra. Con todo y
que estaba bien sucia se veía preciosa.

Mi papá nos entregó nuestros regalos. «¿Mando llamar a mi suegra? Ya sabes cómo es de sentilona. Si se
entera por otra persona de que estás aquí la agarrará
15 conmigo. De por sí no me quiere nada …», le dijo mi
mamá. Él respondió que no, que luego, y nos ordenó
que fuéramos a cuidarle su camioneta: «Pueden subir-
se, pero no vayan a tocarle nada.» En mirarla y no
permitir que los vecinos se le acercaran mucho se nos
20 pasó el tiempo. Obscurecía cuando quisimos entrar en
la casa. Encontramos la puerta cerrada pero alcanza-
mos a oír que mi mamá lloraba.

---

1 **tardar(se) más en** (+ inf.): länger brauchen, um zu. · 2 **trepar(se):**
hochklettern (im lateinamerikanischen Spanisch steht überwiegend
statt der 2. Person Plural die 3. Person Plural – wenn nötig, mit »ustedes« als Personalpronomen). · 5 **bajar(se):** aussteigen. · 7 **el delantal:**
Schürze. · **molesto/a:** verärgert. · 8 **el desconocido / la desconocida:**
Unbekannte(r), Fremde(r). · 9 **por poquito y** (Méx.): beinahe. ·
10f. **con todo y que** (Méx.): obwohl. · 13 **sentilón, -ona** (Méx.): äußerst empfindlich. · 14 **agarrarla con alg.:** sich in die Haare kriegen,
Vorwürfe machen. · 15 **de por sí:** an sich. · 20 **o(b)scurecer:** dunkel
werden. · 21f. **alcanzar a oír:** hören können.

A la hora de la cena supimos por qué: mi papá iba a regresarse a Estados Unidos. «Nos vas a dejar solitos de nuevo», le reclamé. «No, qué va. Aquí tienen a su abuela y a mi hermano Fermín, que es como si fuera
5 yo. Por cierto, ¿cada cuándo vienen a visitarlos?» Le dijimos que mi abuelita casi nunca estaba sentida con mi mamá porque, según ella, no había impedido que mi papá se fuera, pero que el tío Fermín pasaba a vernos los domingos en la tardecita. «Entonces ¿cuándo
10 ve a la novia?» Mi mamá lo puso al tanto: «Se disgustaron. Creo que ya ni se ven.»

II

El domingo en la mañana le pedimos a mi papá que nos diera una vuelta en la camioneta. «Voy a llevarlos
15 a casa de su abuela.» Cuando ella lo vio se soltó llorando. Tuvimos que batallar mucho para convencerla de que se viniera a nuestra casa un rato. «No puedo. Fermín se quedó en la planta, a cubrir el turno de Ladislao, y si no me ve se mortificará.» Mi padre solucio-
20 nó el problema aconsejándole que le escribiera un

---

3 **qué va** (interj.): ach wo!, Quatsch! · 5 **¿cada cuándo?:** wie oft? · 6 **estar sentido/a con alg.:** mit jdm. einverstanden sein, sich mit jdm. verstehen. · 9 **la tardecita:** Spätnachmittag. · 10 **poner a alg. al tanto:** jdn. informieren, auf dem Laufenden halten. · 10 f. **disgustarse (con alg.):** sich (mit jdm.) überwerfen. · 14 **dar (a alg.) una vuelta:** (mit jdm.) eine Runde drehen. · 15 f. **soltarse llorando:** in Tränen ausbrechen. · 16 **batallar:** kämpfen, sich einsetzen. · 18 **cubrir el turno:** die Schicht übernehmen. · 19 **mortificarse:** sich quälen; hier: sich Sorgen machen. · 19 f. **solucionar el problema:** das Problem lösen.

recadito: «Fui a ver a mis nietos. Vete para la casa de
Julio.» Entonces ya pudimos subirnos a la camioneta.

Mi abuela se sentó junto a mi papá y mi hermano y
yo viajamos en la parte de atrás. Todo el mundo nos
5 veía. Cuando llegamos a la casa ya estaban allí nuestros vecinos. Unos llevaron barbacoa, otros refrescos
y cervezas. Comimos en el corral. En otra parte no habríamos cabido tantos, y además allí podíamos seguir
viendo la camioneta.

10   Cipriano, el compadre de mi papá, llegó muy tarde.
«¿Están contentos de que su padre haya vuelto?» Le
respondimos que sí y le contamos que en la mañana
nos había llevado a pasear en la camioneta. El se puso
serio y le recomendó a mi jefe esperarse hasta la no-
15 che para volver a sacarla: «Pueden verte los de la Federal.» Mi papá se alebrestó: «¿Y qué? No me la robé.
La compré con mi dinero. Ahí traigo los papeles.»

Leobardo, el dueño de la fonda Los amigos, le recordó que, mientras no se legalizara la entrada de ca-
20 mionetas como la nuestra, podrían quitársela. Mi papá se enfureció y gritó que no era justo. Su compadre
lo calmó: «La cosa tiene que arreglarse. No eres tú el
único en esta situación. Pero por mientras deja aquí la
camioneta. Bien tapada con una lona no se le amolará
25 la pintura.» Mi jefe se puso a mentar madres.

---

1 **el recadito** (dim.): *el recado:* Nachricht. · 6 **la barbacoa:** hier: Grillfleisch. · 10 **el compadre** (fam.): Kumpel, Freund. · 15f. **la Federal:** la
Policía Federal de caminos: mexikanische Verkehrspolizei. · 16 **ale-
brestarse** (Am.): sich aufregen, ereifern. · 21 **enfurecerse:** wütend werden. · 23 **por mientras:** in der Zwischenzeit. · 24 **tapar:** bedecken. ·
la lona: Sackleinen; hier: Tuch, Plane. · **amolarse** (Méx.): Schaden
nehmen. · 25 **mentar madres** (Méx., fam.): fluchen.

En eso mi abuelita salió de la cocina. Aplacó a mi papá y aprovechó para tirarle una indirecta a mi mamá: «No te enojes, Heladio. Sabías cómo estaban las cosas, pero de todos modos compraste la camioneta:
5 dinero tirado a la calle. Nada de esto hubiera sucedido si *tu familia* no hubiera dejado que te fueras al norte.» Mi mamá no se aguantó: «Usté disculpará, doña Eulalia, pero su hijo ya está grande y no se le pueden prohibir las cosas como a un niño. Si fuera así, ¿usté cree
10 que lo dejaría irse de nuevo? Ándale, Heladio, dile que dentro de una semana te vuelves a Estados Unidos.»

La cosa iba para pleito cuando mi prima Amparo entró apresuradamente: «Ahí viene corriendo Fer-
15 mín.» Entró bien nervioso: «¿Qué sucedió? ¿Por qué se vino mi mamá para acá?» No tuvimos que responderle porque mi papá se adelantó para darle un abrazo. Mi mamá se fue a la cocina para traerle un plato de barbacoa. Fermín ni la probó: sólo tenía ojos para
20 la camioneta.

Como a las once de la noche mi hermano y yo nos llevamos a dormir a mi abuelita. Para esas horas los vecinos ya se habían ido. Mis papás se quedaron plati-

---

1 **en eso:** da, inzwischen. • **aplacar a alg.:** jdn. beruhigen, besänftigen. • 2 **aprovechar para** (+ inf.): die Gelegenheit nutzen zu. • **tirarle a alg. una indirecta:** jdm. einen Seitenhieb verpassen. • 3 **enojarse** (Am.): sich ärgern. • 6 **dejar que** (+ subj.): zulassen/erlauben, dass. • 7 **aguantarse:** sich zurückhalten, beherrschen. • 10 **ándale** (interj.; Méx.): na los!, nur zu! • 13 **ir para pleito** (m.): drohen, in einen Streit auszuarten. • 14 **apresuradamente:** eilig. • 17 **adelantarse:** hervorkommen, (auf jdn.) zugehen. • 21 **como:** hier: ungefähr. • 23 **los papás** (Am., fam.): Eltern. • 23f. **platicar** (Am., fam.): plaudern.

cando con Fermín. Me dormí pero al rato me despertó
el motor de la camioneta. Me asomé por la ventana.
Vi a mi mamá sentada frente al volante, como si fuera
a manejar, mientras que mi papá y mi tío daban vuel-
5 tas, tomándose una cerveza.

Cuando se la terminaron Fermín dijo que ya se iba,
pero no quería despertar a esas horas a mi abuela.
«Pues quédate a dormir aquí», le propuso mi mamá.
Mi tío no aceptó. «Entonces Julita y yo te llevamos en
10 la camioneta, estoy bien, puedo manejar», le dijo mi
papá. Fermín respondió que prefería irse caminando a
ver si se le bajaba la cerveza: «Porque al rato entro a
la chamba.»

Se abrazaron. Mi papá estaba bien emocionado
15 cuando se despidió por última vez de su hermano:
«Oye, chaval, ya no alcanzo a verte de nuevo porque
tengo que irme el viernes. Acuérdate que te encargo a
mi familia.» Mi tío le contestó: «Sabes que cuentas
conmigo. Vete tranquilo.» Mi mamá no aguantó más y
20 se puso a llorar. Mi jefe la abrazó: «Cálmate, chaparrita. Es cosa de unos meses para que yo regrese.» «Y si
no vuelves, ¿qué será de tus hijos, qué será de mi vida? ¿A poco no sabes que soy una mujer?»

Mi papá volvió a abrazarla para que no siguiera di-
25 ciendo cosas. Mi tío Fermín nomás daba vueltas y mo-
vía la cabeza. Entonces habló mi papá: «Si no vuelvo

---

1 **al rato:** kurz darauf. · 2 **asomarse por la ventana:** zum Fenster her-
ausschauen. · 4 **manejar** (Am.): (Auto) fahren. · 7 **a esas horas:** zu so
später Stunde. · 13 **la chamba** (Méx., fam.): Arbeit. · 14 **emocionado/a:**
gerührt. · 20f. **la chaparrita** (Méx., fam.): Kleine(s) (Kosewort). ·
23 **a poco no sabes que …** (Méx.): weißt du etwa nicht, dass …?

será porque ustedes se van para allá. Fermín, esta vez
sí te voy a escribir. Cuando leas que te pongo en una
carta *agarra todo pal norte* es que los estoy esperando
con casa y con trabajo seguro para ti. ¿Qué me dices?» En vez de responder, mi tío Fermín agarró camino.

III

Rápido se pasaron los meses. Mi padre no volvió ni ha
vuelto. Dejó de escribirnos hace tiempo. Mi madre dice
que lo hará cuando tenga alguna buena noticia que dar-
nos, y todos tenemos nuestros pasaportes, por si acaso.

Mi tío Fermín sigue viniendo los domingos. A veces
come en el corral mientras limpia el motor o encera la
camioneta. Luego él y mi mamá se meten allí y se po-
nen a oír el radio y a platicar. Gabino y yo jugamos en
la parte de atrás, esperando a que se haga de noche,
porque a esas horas mi tío siempre nos pregunta si
queremos que nos lleve a dar una vuelta. Le decimos
que sí pero de todas formas él quiere saber si mi mamá está de acuerdo. Ella siempre responde lo mismo:
«Agarra al norte, siempre al norte», y se ríe, pero con
mucha tristeza.

Son paseos muy bonitos porque mi tío Fermín se
mete por caminos alejados de la autopista sabe que

---

3 **agarrar:** packen. • **pal norte** (fam.): *para el norte.* • 5 f. **agarrar camino** (Méx.): sich auf den Weg machen (*agarrar:* hier: sich aufmachen). •
11 **por si acaso:** für alle Fälle. • 13 **encerar:** (ein)wachsen. • 24 **meter-
se por caminos:** Strecken/Wege fahren.

por allí nunca andan los de la Federal y nos invita a
cantar. Lo malo de esos domingos es que terminan. Mi
tío guarda la camioneta en su lugar. Mi hermano Gabino, mi mamá y yo lo acompañamos hasta la primera
5 curva. Allí deberíamos despedirnos pero Fermín dice
que es peligroso dejarnos regresar solos y vuelve con
nosotros a la casa. Entonces sí nos despedimos en serio. Antes de desaparecer en el camino mi tío nos grita: «Vengo el domingo para llevarlos a dar la vuelta.»
10 Mi mamá le contesta: «Al norte, Fer, siempre al norte», y se pone a llorar quedito.

México D. F. Domingo 7 de mayo de 2000

---

7 f. **en serio:** im Ernst; hier: wirklich, endgültig. · 11 **llorar quedito:** still
vor sich hin weinen.

Golden Chicken

I

Es domingo. Se anuncia una noche fría. La neblina comienza a descender sobre la carretera y rodea los automóviles con un aura irreal. José experimenta una nostalgia que está a punto de convertirse en llanto. Con las manos en los bolsillos, apenas se vuelve hacia el interior de la vivienda – chata y gris, como todas las que fueron construidas por los mexicanos a la orilla del río: «Pero si es nomás un arroyo y ni está hondo: cualquiera puede atravesarlo a pie. Yo creo que a uno se le hace la gran cosa nomás porque la vida cambia tanto de un lado a otro: como del cielo a la tierra …»

Esta reflexión lo lleva a verse a sí mismo, años atrás, cuando semidesnudo, con las piernas envueltas en plásticos negros, tembloroso de pánico y de frío atravesó por primera vez el Bravo. La imagen es tan

---

3 **la neblina:** Bodennebel. • 4 **descender:** hier: sich legen. • **rodear:** umgeben, umhüllen. • 5 **el aura** (f.): hier: Schleier. • **experimentar:** empfinden. • 6 **la nostalgia:** Wehmut, Sehnsucht. • **estar a punto de hacer algo:** kurz davor sein etwas zu tun. • **el llanto:** Jammern, Wehklagen. • 7 **apenas:** hier: mit Mühe, mühevoll. • 8 **chato/a:** niedrig, flach. • 10 **el río:** hier: der Rio Grande, der in Mexiko »Río Bravo (del Norte)« genannt wird. • **nomás** (Am.): nur. • 11 **a pie:** zu Fuß. • 14 **llevar a alg. a hacer algo:** jdn. veranlassen / dazu bringen etwas zu tun. • 15 **semidesnudo/a:** halbnackt. • 16 **tembloroso/a de pánico:** vor Angst zitternd.

viva que cree oír de nuevo gritos, sirenas, rezos, mal-
diciones, gemidos y sobre todo eso, el amenazante carraspeo de los helicópteros. José nunca supo explicar-
se cómo, si casi todos sus compañeros en aquella
5 aventura fueron deportados, él logró escapar a la persecución. *Rezo por ti todas las noches, José. Cada domingo me voy hasta La Villa y te encomiendo mucho a
la Virgen. Ya sé que te me has vuelto medio hereje, pero
con todo y eso te pido por favor que cuando vengas pa-
10 ra acá le traigas a nuestra santa patrona un recuerdo:
una vela, un milagro, una estampita.* La cosa es que
ella vea que no te volviste protestante ni malagradeci-
do. Procúrala, acuérdate que cuando yo no estoy ella
hace las veces de tu madre.

15   II

La bruma, la oscuridad, la voz de Pedro Infante – que
en la televisión declama una vez más sus promesas de

---

1 **el rezo:** Gebet (*rezar:* beten). • 1 f. **la maldición:** Fluch. • 2 **el gemido:** Stöhnen. • 2 f. **el carraspeo:** Räuspern, Hüsteln; hier: Surren. •
5 **deportar:** zurückschicken, abführen. • 7 **La Villa:** La Villa de Guadalupe; Wallfahrtsort im Norden von Mexiko-Stadt auf dem Berg Tepeyac, wo sich die Basílica de la Virgen de Guadalupe befindet. • **encomendar a alg. (a un santo):** sich jdm. (einem Heiligen) im Gebet anvertrauen, anempfehlen. • 8 **el/la hereje:** Ketzer(in). • 9 **con todo y
eso** (Méx.): dennoch. • 10 **nuestra santa patrona:** la Virgen de Guadalupe. • 11 **el milagro:** hier: Votivbild. • **la estampita:** Heiligenbild. •
12 f. **malagradecido/a:** undankbar. • 13 **procúrala:** sei ihrer (der Jungfrau von Guadalupe) eingedenk. • 14 **hacer las veces de alg.:** an jds.
Stelle treten. • 16 **la bruma:** Nebel. • **Pedro Infante:** mexikanischer
Sänger und Schauspieler (1917–57). • 17 **declamar:** vortragen.

amor – hacen que aumente el desconsuelo que hostiga
a José desde que vive en Isleta. En realidad no mira la
escena. A cada momento observa el reloj y suspira:
«Le cuelga pa' que los batos regresen.»

5   A José no le gusta que sus hijos salgan. Sabe que esta vez, como tantas otras, habría podido impedirles
que se fueran pretextando cualquier cosa; pero luego
de meditar se dijo: «Será mejor que se vayan acoplan-
do el estilo de aquí porque, como están las cosas,
10 quién sabe cuándo podremos regresar a Guanajuato.
Preferible que traten con güeros y no que sigan jun-
tándose con chúntaros y nacos.»

    Las piernas le hormiguean. Se levanta, vuelve a la
puerta de la casa y mira hacia el camino: «Voy a pren-
15 derles la luz del porche», murmura José sin que le moleste pronunciar el término *porche* como ocurría al
principio de su estancia en Texas. Al reflexionar se da
cuenta de que no tiene ninguna otra alternativa en su
memoria y no sabe si sería capaz de decir lo mismo

---

1 **el desconsuelo:** Betrübnis. • **hostigar:** quälen. • 2 **Isleta:** Ortschaft in
New Mexico im Tal des Rio Grande, südlich von Albuquerque. •
3 **suspirar:** seufzen. • 4 **le cuelga pa' que** (+ subj.; Méx.): es wird Zeit,
dass (*pa'*, fam.: *para*). • **el bato** (Méx., fam.): Junge. • 7 **pretextar
algo:** etwas vorgeben, vorschützen. • 8 **meditar:** hier: überlegen, nach-
denken. • 8f. **acoplar algo:** sich an etwas gewöhnen, anpassen. •
10 **Guanajuato:** Bundesstaat in Zentralmexiko mit gleichnamiger
Hauptstadt. • 11 **(sería) preferible que** (+ subj.): es wäre besser,
wenn. • **güero/a** (Méx.): blond (hier als Bezeichnung für die US-Amerikaner). • 11f. **juntarse con:** sich zusammentun mit. • 12 **el chúntaro**
(Méx., fam.): Nichtsnutz, Herumtreiber. • **el naco** (Méx., fam.):
Nichtsnutz, Herumtreiber. • 13 **hormiguear:** kribbeln. • 14f. **prender**
(Am.): anmachen, einschalten. • 15 **la luz del porche:** Eingangs-,
Außenbeleuchtung (*el porche:* Vorhalle, Veranda). • **murmurar:** mur-
meln.

con otras palabras: «Chingao, cómo cambia uno: al rato no voy a hablar inglés ni tampoco español …»

El ansia de volver a Guanajuato se agudiza cuando ve que le faltan las palabras *de antes*, de cuando era niño, de cuando estaba en Santa Rosa con su gente. Convencido de que Lucy y sus hijos no llegarán tan pronto como él quiere, vuelve a la casa para sentarse frente a la mesa donde sus hijos hacen el jomguorc. Toma un «Legal Pad» de hojas amarillas y escribe la fecha. Quiere redactar la carta que desde hace meses le debe a su madre y siempre olvida o posterga: «Al principio me daba pena contarle mis batallas, decirle que no tenía trabajo, que estaba muy lejos de cumplirle mis promesas o de realizar mis sueños …»

Ahora que José está dispuesto a escribir se detiene porque lo asaltan ciertas dudas: «Con lo mal que anda el correo a lo mejor ni le llega la carta; luego, qué tal si la jefa va recibiéndola a medio año y yo aquí, contándole de que se siente bonita la llegada de la primavera. Dirá que su hijo está loco. No, yo creo que mejor le pego un telefonazo. Lo malo es que luego, cuan-

---

1 **chinga(d)o** (Méx., vulg.): Mensch!, Mist! • 1 f. **al rato:** hier: demnächst. • 3 **el ansia** (f.) **de** (+ inf.): der dringende Wunsch zu. • **agudizarse:** zunehmen, sich verschlimmern. • 5 **la gente:** hier: (Méx., fam.): Familie. • 8 **jomguorc:** *homework*. • 9 **el Legal Pad:** gelber Schreibblock, der in den USA sehr beliebt ist. • 10 **redactar:** verfassen, schreiben. • 11 **postergar:** verschieben, vor sich her schieben. • 12 **me da pena** (+ inf.): es kostet mich Mühe zu. • **la batalla:** hier (fig.): Schwierigkeit. • 15 **estar dispuesto/a a** (+ inf.): bereit sein zu. • **detenerse:** anhalten, stehenbleiben; hier: innehalten. • 16 **asaltar:** hier (fig.): befallen. • 17 **a lo mejor:** womöglich. • 18 **el jefe / la jefa** (Méx., fam.): Vater/Mutter. • 21 **pegarle a alg. un telefonazo** (fam.): jdn. anrufen.

do oye mi voz, se pone nerviosa, dice que no me oye,
le da por llorar y eso sí no lo aguanto.»

Atrapado en sus deducciones, José regresa a su propósito inicial: «Prometí que escribiría y tengo que ha-
5 cerlo.»

III

Han pasado veinte minutos desde que José redactó la
fecha y las primeras frases. Son idénticas a las que en-
cabezaban las cartas que su hermano Gildardo les
10 mandaba a Guanajuato desde la ciudad de México:
«Espero que al recibir la presente se encuentren bien
de salud como yo por acá, a Dios gracias …»

José relee lo que escribió. Sabe que debe continuar
pero no se le ocurre nada más. Golpea el papel con
15 la punta del lápiz, como si de ella pudieran salir las
palabras que necesita. Cierra los ojos. Imagina a su
madre sola, parada en la puerta de su casa y mirando
calle abajo con la esperanza de ver al cartero. «Po-
brecilla, estará bien preocupada. Y es que allá, entre
20 nosotros, eso de que *no nius gud nius* no cuenta. Somos gente que habla claro y va derecho a lo que te
truje …»

Contento de reaccionar con palabras y actitudes

---

2 **le da por llorar** (Méx.): sie fängt an zu heulen. • **aguantar:** ertragen,
aushalten. • 3 **atrapar:** (ein)fangen. • **la deducción:** Schlussfolgerung. •
3f. **el propósito:** Vorhaben. • 4 **inicial:** ursprünglich, anfänglich. •
8f. **encabezar:** einleiten. • 14 **ocurrir:** einfallen. • **golpear algo:** auf etwas schlagen. • 21f. **gente que va derecho a lo que te truje:** Leute, die
direkt zur Sache kommen (*traer*).

«de antes», José recobra la seguridad, enciende un cigarro y con su mejor caligrafía comienza el segundo párrafo:

«Jefa chula. Como es domingo, la Lucy se llevó a los
5   niños a la compra. Después irán a la casa de unos amigos que hoy tienen su *parti* o sea una fiesta. Aquí son medio desabridas. A los chavales les dan chocolate y donas. ¿Sabe qué se me antojó ahorita que le estaba platicando de estas cosas? Pues comerme uno de aque-
10   llos famosos churros de «El Moro». Acuérdese: cuando íbamos al centro usted me los compraba. Entonces era yo un chamaquillo y, para que vea lo que son las cosas, nunca he olvidado a qué sabían los dichosos churros. Cuando vaya a México, muy pronto, pienso invitarla al
15   «Moro». Ha de saber que desde hace tres meses tengo una chamba muy buena. No se apure, ya no ando en los campos ni en la fábrica de bulbos; me salí porque una noche un capataz me llamó gallina y me escupió. Pensé que si volvía a hacérmelo iba a matarlo y aquí,
20   eso de tocar a un gringo aunque sea con el pétalo de una rosa es algo muy serio ... Me gusta mi trabajo: es

---

1 **recobrar:** wiedererlangen. • 2 **la caligrafía:** Schönschrift. • 4 **chulo/a** (fam.): schön; hier: lieb. • 7 **desabrido/a:** langweilig, fade. • **los chavales:** Kinder. • 8 **donas:** *donuts*. • **se me antojó:** mir fiel ein. • **ahorita** (Am., fam.): im Moment, gerade, soeben. • 9 **platicar** (Am.): plaudern. • 12 **el chamaquillo** (Méx., dim.): *el chamaco:* Junge. • 13 **saber a:** schmecken nach. • **dichoso/a:** glückselig, wunderbar (*la dicha:* Glück). • 15 **ha de saber:** du musst (Sie müssen) wissen. • 16 **la chamba** (Méx., fam.): Arbeit. • **apurarse:** sich Sorgen machen. • 17 **el bulbo** (Méx.): Glühbirne. • 18 **el capataz:** Vorarbeiter. • **escupir:** (an)spucken. • 20 **el gringo** (Am., pey.): Yankee (US-Amerikaner). • **el pétalo:** (Blüten-)Blatt.

fácil, me pagan bien y lo mejor es que para ir y volver
tomo nada más dos trocas. ¿Ve cómo voy saliendo adelante? Eso se lo debemos a la Virgen porque ahorita,
como están las cosas por acá en contra de todos los
5 mexicanos, acomodarse en un trabajo es un milagro.
¿Qué noticias tiene de Gildardo?

IV

José pone el primer punto en la página que pretende
sustituir a la conversación. Esa mancha lo atrapa, lo
10 devora, lo atrae hacia el fondo de un pozo en cuyo
fondo ve la realidad. El hombre procura destruirla y
recuperar el hilo de sus pensamientos; pero no lo consigue. Cuando al fin logra levantar los ojos, José mira
el uniforme de plumas amarillas que usa diariamente,
15 a lo largo de las ocho horas en que permanece a las
puertas del *Golden Chicken* – un restaurante especia-
lizado en pollo al horno – para atraer a la clientela infantil mediante saltos, maromas y suertes.
José aprieta las mandíbulas y sigue escribiendo, co-
20 mo si al convencer a su madre, pudiese convencerse a
sí mismo de que su dicha y su prosperidad son ciertas

---

2 **la troca** (Méx.): Lastwagen. • 5 **acomodarse:** zurechtkommen. •
8 **pretender hacer algo:** vorhaben, versuchen etwas zu tun. • 10 **devorar:** auffressen, verschlingen. • 11 **procurar hacer algo:** versuchen etwas zu tun. • 12 **recuperar:** wiedererlangen, zurückgewinnen; hier: wieder aufnehmen. • 15 **a lo largo de:** während (der Dauer von). • **permanecer:** sich aufhalten. • 17 **la clientela:** Kundschaft. • 18 **mediante:**
mittels. • **la maroma** (Am.): Seiltanzen, -springen. • **la suerte:** hier:
(Lotterie-)Los. • 19 **la mandíbula:** Kiefer.

y no cosas inventadas y amargas que lo empequeñe-
cen y humillan:

> Como usted podrá imaginarse tengo un jefe: mister
> Ferguson. Aunque aquí la gente no es tan comunicati-
5 va como nosotros, me he dado cuenta de que me esti-
> ma y aprecia mi trabajo porque sabe que vale.

José interrumpe la escritura de nuevo. La mención de
ese nombre – mister Ferguson – es otra fisura por
donde comienzan a filtrarse ciertas risas, frases y el
10 timbre de la voz más odiada por él: Jousé no ser una
gallina sino un pollou valiente y mexicano. Jousé sonríe, levanta alas, brinca alto y más alto como volar.
Jousé ponerles caras chistosas a niños tragantes. Jousé
no roto el traje porque si no, I'm sorry, he'll pay. Oh
15 yes: pagará daños o pierde la chambita y eso, no good
in springtime.

México D.F. Domingo 5 de mayo de 1996

---

1 f. **empequeñecer:** erniedrigen. • 2 **humillar:** demütigen. • 7 **la mención:** Erwähnung. • 8 **la fisura:** Riss, Spalt. • 9 **filtrarse:** durchsi-
ckern. • 10 **el timbre:** Klang. • **Jousé:** *José.* • 11 **el pollou:** *el pollo.* •
12 **el ala** (f.): Flügel. • **brincar:** springen. • 13 **poner caras chistosas:**
Fratzen schneiden. • **tragante:** konsumierend, essend.

Desde el norte

I

Marcia camina de prisa por la vereda polvorienta. Los perros tendidos bajo la sombra de los huizaches se
5 desperezan y ladran. *Chueco,* el más animoso de la jauría, se sacude la pelambre y la sigue rengueando, en espera de comida o una caricia. Marcia agita el brazo para alejarlo, pero el animal se entusiasma, hace una cabriola y apoya las patas delanteras en el costa-
10 do de la muchacha, que se tambalea. Los niños que juegan futbol en medio del terregal suspenden el partido y ríen.

«¡Escuincles babosos, a ver si van a burlarse de su madre!», les grita Marcia. Toma una piedra y se la

---

3 **de prisa:** schnell, eilig (*la prisa:* Eile). • **la vereda** (Am.): Straßen-rand, Bürgersteig. • **polvoriento/a:** staubig. • 4 **tendido/a:** hier: hinge-streckt. • **el huizache** (Méx.): Akazienstrauch. • 5 **desperezarse:** sich rekeln. • **ladrar:** bellen. • **animoso/a:** beherzt. • 6 **la jauría:** Meute. • **sacudir:** schütteln. • **la pelambre:** Mähne, Fell. • **renguear** (Am.): hin-ken. • 7 **la caricia:** Streicheln, Liebkosung. • 9 **la cabriola:** Sprung. • **las patas delanteras:** Vorderpfoten. • 9f. **el costado:** Seite. • 10 **tamba-learse:** taumeln. • 11 **el terregal** (Méx.): Staubwolke. • **suspender:** un-terbrechen. • 13 **el escuincle / la escuincla** (Méx., fam.): Kind, kleiner Junge / kleines Mädchen. • **baboso/a** (Am., fam.): dumm, blöde. • 13f. **a ver si van a burlarse de su madre** (Méx.): etwa: das wird euch noch leid tun (im lateinamerikanischen Spanisch steht überwiegend statt der 2. Person Plural die 3. Person Plural – wenn nötig, mit »uste-des« als Personalpronomen).

arroja al *Chueco*. El perro esquiva el proyectil y se aleja saltando. Los niños silban.

«Pinches mensos: sigan molestando y me las van a pagar.»

5 «¡Uy, qué miedo!», grita Benjamín, el muchachito descamisado y raquítico que encabeza a los provocadores.

Enfurecida, Marcia lo toma por un brazo, lo sacude y le da un golpe en el cuello. Benjamín intenta escapar. Al ver que no lo consigue, su hermano Celso rescata el balón y, seguido por la jauría, corre a pedir auxilio a su madre. Un minuto después Benjamín reaparece con Milagros: «Ora, tú, ¿por qué le pegas a m'ijo? ¿Qué te hizo?»

15 «Pregúntele a él.» Impaciente por el silencio del niño, Marcia lo presiona: «Ándale, no seas rajón: dile a tu madre cómo venías molestándome.»

Milagros aparta a Benjamín y encara a Marcia: «Si lo hizo, tiene padre y madre pa' que lo corrijan.»

20 «Pues te advierto que si vuelve a burlarse de mí, me lo voy a sonar.»

---

1 **arrojar:** werfen. · **esquivar algo:** einer Sache ausweichen. · 3 **pinches mensos** (Méx., fam.): etwa: dumme Kerle! (*pinche:* mies, erbärmlich; *menso/a:* dumm, blöde). · 6 **descamisado/a:** ohne Hemd; hier (fig.): zerlumpt. · **raquítico/a** (fam.): mickrig, schwach. · **encabezar:** hier: anführen. · 8 **enfurecido/a:** wütend. · 10 f. **rescatar:** retten, befreien; hier: an sich nehmen. · 11 f. **pedir auxilio a alg.:** bei jdm. Hilfe suchen. · 12 f. **(re)aparecer:** (wieder) erscheinen. · 13 **ora** (fam.): *ahora.* · **m'ijo** (fam.): *mi hijo.* · 16 **presionar a alg.:** jdn. unter Druck setzen. · **ándale** (interj.; Méx.): na los!, nur zu! · **rajón, -ona** (Méx., fam.): feige. · 18 **apartar:** beiseiteschieben. · **encarar a alg.:** jdm. die Stirn bieten. · 19 **pa' que** (fam.): *para que.* · 20 **advertir a alg.:** jdn. auf etwas aufmerksam machen, warnen. · 21 **sonar** (Méx., fam.): verhauen.

«Ya no le prestes el teléfono, mamá», dice Benjamín a Milagros.

«Pues que no me lo preste: hay otros, pinche pendejo.» Marcia da media vuelta y se aleja. Milagros va tras ella, la toma por el pelo y la sacude: «A m'ijo no me lo vas a insultar.»

«Suéltame, desgraciada, suéltame.» Marcia lucha contra su agresora y las dos caen intercambiando golpes.

Alguien grita: «Las viejas se están peleando.» Enseguida aparece una mujer embarazada. La sigue otra con un mantel escurriendo jabón. Llegan dos niñas. La más pequeña exclama: «A Marcia se le ven los calzones.»

«En lugar de fijarte en eso, corre a buscar a Paula. Avísale que su hija se está peleando con su comadre Milagros – le ordena la mujer embarazada.»

El círculo de curiosos se abre, un minuto después, cuando escuchan la exclamación de Paula: «Por Dios santo, ¡ya esténse quietas!»

Con el puño al aire, Marcia se vuelve hacia su madre: «Ella empezó.»

«No es cierto, comadre, fue Marcia: le pegó a Benjamín.» Milagros se levanta, se sacude la falda y se vuelve hacia su hijo menor: «A ver, Celso, tú dile si no fue así.»

3f. **el pendejo** (Am., fam.): Blödmann. • 4 **dar media vuelta:** sich umdrehen. • 7 **el desgraciado/la desgraciada** (Am., vulg.): Drecksack, Hurensohn / Miststück. • 12 **escurriendo jabón:** vor Seifenlauge triefend. • 13f. **los calzones** (pl.!, Méx.): Unterhose, Schlüpfer. • 15 **en lugar de:** anstatt. • 16 **la comadre** (fam.): (befreundete) Nachbarin. • 19 **la exclamación:** Ausruf, Schrei.

El niño asiente. Paula mira con severidad a Marcia: «¿Ves lo que haces por loca? Pídele disculpas a mi comadre.»

Marcia se ruboriza, sus ojos se llenan de lágrimas y
5 la angustia enturbia su voz: «Usté siempre le da la razón a todo el mundo, menos a mí.» Sin esperar la respuesta de su madre se aleja corriendo. *Chueco* la sigue un tramo, pero desiste al encontrar un papel grasiento hundido en el polvo del camino.

10 — II

Paula entra en el cuarto y enciende el foco que pende sobre la mesa. La luz raquítica acentúa el desorden y la miseria de los muebles. Oye un gemido y mira hacia la cama, donde está Marcia: «¿Piensas seguir chillan-
15 do toda la tarde? Uy, Dios santo, si eso es ahorita, ¿qué será el día en que me muera?» Espanta las moscas que revolotean sobre los platos sucios: «Y no falta mucho, con tantas mortificaciones que me das.»

«¿Yo qué le hago?» Otro acceso de llanto sacude a

---

1 **asentir (con la cabeza):** nicken. • **la severidad:** Strenge. • 4 **ruborizarse:** erröten. • 5 **enturbiar:** trüben. • **usté** (fam.): *usted*. • 8 **un tramo:** ein Stück weit (*el tramo:* Strecke). • **desistir (de):** ablassen (von). • **grasiento/a:** schmierig, fettig. • 9 **hundirse:** einsinken, eintauchen; hier: sich verbergen. • 11 **el foco** (Am.): Glühbirne. • **pender:** (herunter)hängen. • 12 **acentuar:** hervorheben, betonen. • 13 **el gemido:** Stöhnen. • 14f. **chillar:** heulen. • 15 **ahorita** (Am., fam.): jetzt (schon). • 16 **espantar:** verscheuchen. • 17 **revolotear:** im Kreis fliegen, herumkreisen. • 18 **la mortificación:** Kränkung, Beleidigung. • 19 **el acceso:** hier: Anfall. • **el llanto:** Jammern, Weinen.

Marcia: Paula toma los platos y los hunde en la batea
llena de agua: «Imagínate la vergüenza de verte peleando con mi comadre. Ella es muy buena conmigo,
ya ves que hasta me presta su teléfono. ¿A poco eso
5 no te importa?» Paula mira a su hija: «Estás como en-
venenada y todo por culpa del tal José. Si deveras
te quiere, se esperará a ver qué dice tu hermano Anselmo. El corazón me avisa que no tardará en hablarnos.»

10   «¡Eso es lo que no entiendo!» Marcia salta de la
cama.

«¿Por qué tengo que esperar a que *mi hermanito*
me dé su autorización para casarme? Hace tres años
que se largó a Oregon y jamás ha venido a vernos.
15 Él está haciendo de su vida lo que quiere y no me
pide opinión; en cambio, yo tengo que pedírsela para
todo.»

«Sólo para casarte.»

«Pero si Anselmo no es mi padre.»

20   «No, pero se ha portado como si lo fuera y hasta
mejor.»

«Lo que pasa es que usté siempre lo ha preferido a
él.» Marcia imita la voz de su madre: «Es tan bueno,
tan cumplido, siempre está al pendiente de nosotros.»

25   «Y no miento.»

---

1 **la batea** (Am.): Waschschüssel, -trog. • 4 f. **¿A poco eso no te importa?** (Méx.): Ist dir das etwa egal? • 6 **deveras** (Am.): wirklich. • 8 f. **no
tardará en hablarnos:** es wird nicht mehr lange dauern, bis er mit uns
spricht. • 13 **la autorización:** Erlaubnis. • 14 **largarse** (fam.): abhau-
en. • 24 **cumplido/a:** hier: höflich, zuvorkommend. • **estar al pendiente de alg.** (fig.): sich um jdn. kümmern.

«No, ¡qué va! Nomás lleva tres semanas sin hablarnos.»

«Andará trabajando.» Paula suspira: «Piensa que si
no fuera por el dinero que nos manda, ¿qué haría-
5 mos? Con tu padre no cuento para nada. Con eso de
que se nos vienen tantos problemas, dice que ya mejor
ni va a sembrar arroz, que para qué.»

«No me cambies el tema. Estábamos hablando de
mi boda. Mi papá está de acuerdo con que me case y
10 usté también, ¿entonces?»

«No podemos pasar por encima de tu hermano.
Imagínate que un día me hable y le diga nomás así:
‹Marcia ya se casó.›»

«¿A poco yo me enojé cuando él se largó sin mi
15 permiso?»

«No se fue por su gusto, y lo sabes muy bien. Acuérdate de que iba sacando doscientos pesos a la semana,
y eso cuando lo ocupaban.»

«¡Y dale con lo mismo! ¿Qué tiene que ver una co-
20 sa con otra?»

«Todo.» Paula habla con firmeza: «Si Anselmo no
se hubiera ido, ¿crees que habríamos acabado de fincar los cuartos?»

---

1 **qué va** (interj.): ach wo!, Quatsch! · **nomás lleva tres semanas:** Es ist
ja erst drei Wochen her, dass er zum letzten Mal angerufen hat (*nomás*,
Am.: nur). · 3 **Andará trabajando:** Er wird wohl auf der Arbeit sein. ·
5 **contar con alg.** (fig.): auf jdn. zählen. · 11 **pasar por encima de alg.:**
jdn. übergehen. · 14 **¿A poco yo me enojé …?** (Méx.): Habe ich mich
etwa beleidigt gefühlt …? · 18 **ocupar a alg.:** jdn. beschäftigen, jdm.
Arbeit geben. · 19 **darle con lo mismo:** immer dasselbe sagen, (sich)
wiederholen. · 21 **la firmeza:** Entschlossenheit. · 22 f. **fincar los cuartos:** die Zimmer (an)bauen.

«Nomás por eso quiero largarme de aquí, para no tener que vivir de rodillas ante *mi hermanito*, agradeciéndoselo todo.»

«Aunque te vayas tendrás que reconocer los sacificios que Anselmo hace por nosotros.»

«Ahora va a resultar conque *mi hermanito* es un mártir.»

«Acuérdate de lo que nos ha dicho: la vida allá es muy dura.»

«Eso te cuenta, ¿pero cómo sabes que es cierto? Si sufriera tanto en Oregon ya se habría regresado.»

«Ganas no le faltan, pero sabe que aquí no hay trabajo y necesitamos el dinero para comer, para tu ropa …»

«Más a mi favor: si me caso, Anselmo ya podrá mandarles menos. Así que con mi boda también saldrá ganando.»

«No es cosa de dinero, sino de darle su lugar. Necesito hacerlo sentir que, aunque esté lejos, sigue formando parte de la familia.»

«¿Crees que eso le sirve de algo?»

«Uy, ¡cómo no!» Paula acaricia los escapularios que cuelgan sobre su pecho: «Cuando se sienta perdido entre tantísima gente que no conoce ni le devuelve el saludo, dirá: ‹Bueno, aquí nadie me aprecia, pero al menos en mi casa, aunque esté lejos, me toman en cuenta.›»

---

2 **de rodillas:** auf Knien. • 6 **conque:** (dass) also, folglich. • 7 **el mártir:** Märtyrer. • 12 **la(s) gana(s):** Lust, Wunsch. • 14 **más a mi favor:** gerade deshalb; was noch mehr zu meinen Gunsten spricht. • 21 **el escapulario:** Armband oder Halskette mit religiöser Darstellung. • 23 **devolver:** zurückgeben; hier: erwidern. • 25 f. **tomar en cuenta a alg.:** jdn. beachten, respektieren.

Se abre la puerta. Desde allí grita Celso:

«Le hablaron por teléfono.»

«¿Anselmo?»

Detrás de Celso aparece Milagros: «No. Fue un
5 amigo. Ay, comadre: dijo que Anselmo se cayó del andamio y que estuvo tres semanas en el hospital. Antier, cuando recobró el conocimiento, pidió que le avi-
saran a su familia que ya estaba mejorando y que en
cuanto pudiera le mandaba su regalo de bodas a Mar-
10 cia. Pero fue lo último que dijo: esta mañana murió.»

México D.F. Domingo 2 de febrero de 2003

5f. **el andamio:** (Bau-)Gerüst. • 6f. **antier** (Am., fam.): vorgestern. •
7 **recobrar el conocimiento:** wieder zu Bewusstsein kommen (*recobrar:*
wiedererlangen).

Fronteras

Belén se da vuelta en la cama y estira las piernas. Un
pie queda al descubierto. El frío de la mañana la estremece. Abre los ojos y mira la pared. Hace tres años
5 la pintó de amarillo. Eligió ese color porque leyó en
una revista que los tonos cálidos propician el optimismo, la buena convivencia y la mejor intimidad.

Una sonrisa amarga se dibuja en su rostro cuando
recuerda la discusión que en ese mismo cuarto tuvo
10 con Faustino, recién llegado de Arkansas. Las paredes
amarillas no evitaron las desconfianzas mutuas, ni el
llanto de los niños, ni la intervención de doña Celia:
«Hijo: ¿acabas de llegar y ya estás peleando?»

Faustino, descalzo y con la camisa abierta, le pidió a
15 su madre que no se metiera en sus cosas. Belén abogó
por su suegra: «No le hables así a tu madre.» En respuesta él le cruzó la cara con un golpe que la hizo caer
y golpearse contra la pared amarilla. Marcial y Alejandra fueron en auxilio de su madre. Faustino los

---

2 **darse vuelta:** sich umdrehen. • **estirar:** strecken. • 3 **quedar al descubierto:** unbedeckt bleiben. • 3 f. **estremecer a algn.:** jdn. erschauern, zittern lassen. • 6 **propiciar:** begünstigen, fördern. • 7 **la convivencia:** Zu-
sammenleben. • 8 **dibujarse:** sich abzeichnen, zeigen. • **el rostro:** Gesicht. • 9 **el cuarto:** Zimmer, Raum. • 11 **la desconfianza:** Misstrauen,
Argwohn. • **mutuo/a:** gegenseitig. • 11 f. **el llanto:** Jammern, Weinen. •
15 f. **abogar por:** Partei ergreifen für. • 17 **cruzar la cara a algn.** (fig.): jdm.
ins Gesicht schlagen, jdn. ohrfeigen. • 18 **golpearse contra:** heftig gegen
etwas fallen/schlagen. • 19 **ir en auxilio de algn.:** jdm. zu Hilfe kommen.

ahuyentó a gritos: «¡Lárguense: no tienen nada que
hacer aquí!»

En la calle las luces de las casas se encendieron. Los
vecinos, que horas antes habían acudido a recibir a
5 Faustino, montaron una discreta guardia. Estela fue la
única que, desde su quicio, preguntó: «¿Estás bien, comadre?» Doña Celia recriminó a su hijo: «¿No te da
vergüenza que la gente se entere de los pleitos con tu
mujer?»

10 Faustino, temblando de furia, se encaminó a la
puerta. Doña Celia intentó impedirle que saliera a la
calle. Belén permaneció quieta mientras Alejandra le
preguntaba: «¿Mi papá ya no nos quiere?» Tuvo que
vencer sus propias dudas antes de contestarle a su hi-
15 ja: «Sí, pero está nervioso. El viaje fue muy largo y está cansado.» Doña Celia dijo: «¿Cansado? Borracho,
dirás.»

La forma en que Faustino bebió durante la cena fue
para Belén la primera señal de que su marido había
20 cambiado. Halló la segunda en la brutalidad con que
él la llevó a la cama y al verla desnuda se alejó para
preguntarle: «¿Mientras estuve fuera tuviste otros
hombres?» Sorprendida, ella se sintió con derecho a

---

1 **ahuyentar:** verscheuchen. · **largarse** (fam.): abhauen (im lateinamerikanischen Spanisch steht überwiegend statt der 2. Person Plural die
3. Person Plural – wenn nötig, mit »ustedes« als Personalpronomen). ·
4 **acudir a** (+ inf.): herbeieilen, um zu. · 5 **montar una discreta guardia:**
sich zurückhalten, nicht eingreifen. · 6 **el quicio:** Tür(rahmen). ·
6f. **la comadre** (fam.): (befreundete) Nachbarin. · 7 **recriminar a alg.:**
jdm. Vorwürfe machen. · 8 **el pleito:** Zank, Streit. · 10 **la furia:** Wut. ·
encaminarse a: sich begeben, gehen zu. · 12 **permanecer:** bleiben. ·
23 **sentirse con derecho a** (+ inf.): sich berechtigt/veranlasst fühlen zu.

manifestar sus dudas: «¿Y tú: saliste con otras mujeres?» La respuesta fue brutal: «Lo que haya hecho es
cosa mía. Respóndeme.»

El recuerdo de la escena vivida hace tres años da
5 vergüenza a Belén. No se perdona haberle jurado a su
esposo que ni en sueños se le había ocurrido engañar-
lo. Él pareció más tranquilo y ella le preguntó si no estaba contento de haber vuelto a su casa: «La arreglé
para ti, pinté las paredes de nuestro cuarto. ¿A poco
10 no se ven bonitas de amarillo?» Él levantó los hombros y se le echó encima. Sin suavidad, sin ternura, intentó poseerla. El encuentro duró escasos minutos y
Belén se mostró indulgente con el fracaso de su marido: «Es natural, vienes cansado. Tenemos mucho
15 tiempo.»

Belén trata de comprender qué reavivó en aquel
momento la irritación de Faustino: «¿Te parece *mucho* tiempo dos semanas? Si te pesan, ahorita mismo
me *retacho* para Arkansas. Pero ni creas que voy a se-
20 guir mandándote dinero para que lo botes y te la pa-
ses de güevona mantenida mientras yo me parto la
madre trabajando.»

---

1 **manifestar**: äußern, bekunden. • 9f. **¿A poco no se ven bonitas de
amarillo?** (Méx.): Sehen sie etwa nicht schön aus in Gelb? • 11 **la suavidad**: Sanftheit. • **la ternura**: Zärtlichkeit. • 13 **indulgente**: nachsich-
tig. • 16 **tratar de**: versuchen zu. • **reavivar**: erneut hervorrufen. •
17 **la irritación**: Verärgerung. • 18 **si te pesan**: wenn sie dich belasten,
dir zu lang sind. • **ahorita mismo** (Am., fam.): auf der Stelle. • 19 **reta-
charse** (Méx.): gehen, abhauen. • 20 **botar** (Am.): wegwerfen; hier:
sinnlos ausgeben. • 20f. **pasársela de güevona mantenida** (Méx., fam.):
nichts zu Ende bringen (und sich von Männern aushalten lassen). •
21 **mantener a alg.**: hier: jdn. aushalten. • 21f. **partirse la madre trabajando** (Méx., fam.): wie besessen / bis zur Erschöpfung arbeiten.

Todavía duda de si debió quedarse callada en vez
de levantarse y protestar: «No es justo que me digas
eso: todos los días salgo a vender moldes y cosméticos; en la noche le ayudo a mi comadre Estela en su
5 negocio.» Faustino encontró un nuevo argumento para hacerla sentir culpable: «Y a tus hijos ¿cuándo tienes tiempo de cuidarlos? Nunca, porque, según dices,
andas siempre en la calle.»

Belén juró que no era por gusto y le propuso a
10 Faustino: «Pregúntale a tu mamá si alguna vez he dejado de llevar a los niños a la escuela. Yo veo como le
hago, pero jamás los descuido, en cambio tú te fuiste.»
Faustino cedió: «¿A qué chingaos querías que me
quedara aquí: a seguir pidiendo trabajo sin que nadie
15 me lo diera? Aunque viva perseguido como perro rabioso, allá por lo menos me ocupan.» Para demostrarle que estaba de su lado y lo comprendía, Belén le
preguntó: «¿Es muy duro?»

Faustino la miró entre despectivo y burlón: «¡No,
20 qué va! Es a todo dar que pase la troca a recogernos a
las tres de la mañana y nos regrese a las diez de la noche. Dormimos un rato y al otro día lo mismo, y al
otro igual. Y todo ¿para qué? Para mandarte dinero

---

3 **el molde:** (Back-)Form. • 9 **por gusto:** zum Vergnügen, aus Spaß. •
11 f. **como le hago** (Méx., fam.): wie ich zurechtkomme. • 12 **descui-
dar a alg.:** jdn. vernachlässigen. • **en cambio:** hingegen. • 13 **ceder:**
nachgeben; hier: zugeben. • **a qué chingaos** (Méx., vulg.): warum zum
Teufel? • 15 f. **el perro rabioso:** tollwütiger Hund. • 16 **ocupar a alg.:**
jdm. Arbeit geben. • 19 **despectivo/a:** verächtlich. • **burlón, -ona:**
spöttisch, höhnisch. • 20 **qué va** (interj.): ach wo!, Quatsch! • **es a todo dar:** es ist äußerst gemütlich, angenehm. • **la troca** (Méx.): Lastwagen.

que no aprovechas, porque veo que la casa está igual
o peor que cuando me fui.»

Belén le recordó que, con las últimas remesas, había compuesto los techos y pintado su cuarto. No al-
5 canzó a precisar «de amarillo», porque Faustino, con
la actitud de un animal urgido de una presa, abrió la
puerta del ropero y revolvió la ropa en los cajones: «A
ver, ¿dónde están el microondas y la videograbadora
que les mandé el año pasado?» Belén tuvo que confe-
10 sarle: «Los vendí, porque necesitaba dinero.»

«¿Más?» Ella iba a decirle que había tenido que
comprarle a su hijo un nuevo aparato para la sordera,
porque el otro se lo habían robado a las puertas de la
escuela, pero él se lo impidió con un insulto: «Bueno,
15 me imagino que cada día te costarán más tus hombres.
¿Cuánto les pagas para que te *atiendan*? ¿Trescien-
tos? Si me dices que mil te lo creo, pero te advierto
que yo ni por eso te haría el favorcito.»

Belén lanzó un chillido y formuló una pregunta
20 que, de sólo recordarla, aún la humilla: «¿Te parezco
muy fea?» Él sonrió y ella, vencida, inclinó la cabeza:
«Me imagino que allá debe haber muchachas muy bo-

---

3 **la remesa:** (Geld-)Sendung. • 4 **componer:** hier: in Ordnung bringen. • 4f. **no alcanzó a:** sie schaffte es nicht / kam nicht dazu. •
6 **urgido/a de una presa:** raubgierig (*la presa:* Beute, Fang). • 7 **el ropero:** Kleiderschrank. • **revolver:** durchwühlen. • 8 **el microondas:**
Mikrowelle. • **la videograbadora:** Videorekorder. • 12 **el aparato para
la sordera:** Hörgerät (*la sordera:* Taubheit, Schwerhörigkeit). • 14 **im-
pedírselo:** sich etwas verbitten, etwas abwehren. • 17 **advertir a alg.:**
jdn. auf etwas aufmerksam machen, warnen. • 18 **hacerle a una mujer
el favor(cito)** (fig.): sich mit einer Frau einlassen. • 19 **el chillido:**
(Auf-)Schrei. • 20 **humillar:** demütigen, kränken. • 21 **inclinar:** beugen, neigen.

nitas.» Él aprovechó para asestarle un nuevo golpe:
«Pues sí, la verdá están bien chulas: blancas, güeras
¡se antojan!» Belén no pudo más: «Bueno, lárgate a
buscarlas, a ver si con alguna de ellas *puedes*.»

5   En aquel momento Faustino la atacó. Aparecieron
en el cuarto su suegra y sus hijos. Sus gritos desperta-
ron al vecindario. Faustino se fue. Regresó en la madrugada y, sin decir palabra, se tendió a su lado para
intentar poseerla. Ella se abandonó en sus brazos y al
10   cabo de unos minutos murmuró la misma disculpa:
«No te preocupes. Duérmete. Mañana será otro día.»

      Belén no quiere seguir atrapada en esos recuerdos.
Sentada en la cama se mira las piernas desnudas que
Reynaldo le acaricia con avidez, como si quisiera que
15   la piel morena se le quedara pegada a las palmas de
las manos.

      Allí, en las manos de Reynaldo, comenzó todo. El
fue a su casa para ponerle barrotes a la ventana. Antes de regresar a Arkansas, Faustino le había ordena-
20   do tomar esa precaución: «Me da miedo de que, ahora
que vas a quedarte sola de nuevo, se te vaya a meter
un desgraciado por la ventana.»

---

1 **aprovechar para** (+ inf.): die Gelegenheit nutzen zu. · **asestar un golpe a alg.** (fam.): jdm. einen Hieb/Stoß versetzen. · 2 **la verdá** (fam.): *la
verdad.* · **chulo/a** (fam.): hübsch, nett. · **blanco/a**: hier: hellhäutig. ·
güero/a (Méx.): blond. · 3 **antojarse**: hier: begehrenswert sein. ·
5 **aparecer**: auftauchen, erscheinen. · 7 **el vecindario**: Nachbarschaft. ·
8 **tenderse**: sich (hin)legen. · 9 **abandonarse**: sich gehenlassen, hinge-
ben. · 9 f. **al cabo de:** nach (der Dauer von) (*el cabo*): Ende). · 10 **murmurar**: murmeln. · 12 **atrapar**: (ein)fangen. · 14 **la avidez**: Gier. ·
15 f. **la palma de la mano:** Hand(innen)fläche. · 18 **el barrote**: Eisen-
stab. · 20 **la precaución**: Vorsichtsmaßnahme. · 22 **el desgraciado / la
desgraciada** (Am., vulg.): Drecksack, Hurensohn/Miststück.

Belén obedeció. En cuanto le llegó la siguiente remesa mandó llamar al plomero. Reynaldo trabajó varios días sin dirigirle la palabra hasta que una tarde
sufrió un pequeño accidente: «¿No tiene por ahí tanti-
5 to alcohol? Me corté.» Belén vio la mano ensangren-
tada y corrió por el desinfectante. Empapó un algodón y se dispuso a limpiar la herida: «Si le arde,
aguántese.» Belén siente mareo al recordar su repen-
tina excitación y el deseo de que esa mano herida, ro-
10 ja, fuerte, la recorriera toda.

El grito de un repartidor la devuelve a la realidad.
Tiene que darse prisa. Faustino regresará en una semana. Apenas le queda tiempo para pintar las paredes del cuarto. Serán blancas: «un color propio a la re-
15 flexión, la serenidad y el silencio». Piensa en la posibilidad de que se le escape el nombre de Reynaldo.
Entonces no tendrá más remedio que contárselo todo
a Faustino y al final se defenderá con un argumento:
«Tenías miedo de que alguien entrara por la ventana,
20 pero no me dijiste nada respecto de la puerta.»

México D. F. Domingo 30 de noviembre de 2003

---

2 el plomero (Am.): Klempner. • **3 dirigir la palabra a alg.:** jdn. ansprechen. • **4 f. tantito/a** (Méx., fam.): ein bisschen. • **5 f. ensangrentado/a:**
blutig, blutverschmiert. • **6 empapar:** (ein)tunken, befeuchten. • **6 f. el
algodón:** hier: Wattebausch. • **7 disponerse a:** sich gerade daranma-
chen, anschicken etwas zu tun. • **arder:** brennen. • **8 aguantarse:** hier:
durchhalten, die Zähne zusammenbeißen. • **8 f. repentino/a:** plötzlich,
unerwartet. • **9 la excitación:** Erregung. • **10 la recorriera toda:** sie
überall berühren möge. • **11 el repartidor:** Zeitungsausträger. • **devolver:** zurückbringen, -geben. • **14 propio/a a:** passend zu. • **15 la serenidad:** Gemütsruhe. • **16 escaparse:** entschlüpfen, herausrutschen. •
17 no tendrá más remedio que: ihr wird nichts anderes übrigbleiben, als.

En el desierto

I

Llevo ocho años en este figón. Mucho antes de que yo
llegara, Maurilio tuvo la ocurrencia de llamarlo «De-
5 sert Inn». Según él, así iba a parecerles más atractivo a
los clientes. El gasto que hizo en el anuncio fue un vil
desperdicio. Los que *aterrizan* en este tragadero en-
trarían aunque no tuviese nombre: no hay otro más
barato y desde las ventanas se ve la carretera.
10 El hecho de que sea mujer de Maurilio no me hace
dueña del negocio. De otro modo, le habría puesto
«Infierno». Le cuadra más al ambientito y a la facha
de los clientes: todos parecen condenados. Me basta
una ojeada para notarles el miedo, la incertidumbre,
15 la angustia, el arrepentimiento. Cuando los miro siento curiosidad por saber si me veía como ellos la noche
en que entré aquí.
Desde la mañana, Goyo me había dejado en la esta-

---

3 **llevar:** hier: (schon) zubringen. · **el figón:** Garküche. · 4 **la ocurrencia:** Idee, Einfall. · 6f. **el vil desperdicio:** reine Verschwendung (*vil:*
elend, schnöde). · 7 **aterrizar:** landen, ankommen. · **el tragadero**
(Méx., fam.): Ort, an dem Essen serviert wird. · 11 **de otro modo:** an-
dernfalls. · 12 **cuadrar a:** passen zu, übereinstimmen mit. · **el ambientito** (dim.): *el ambiente:* Umgebung, Milieu. · **la facha** (fam.): Äußeres,
Aussehen. · 13 **condenado/a:** hier (fam.): verdammt, getrieben. ·
14 **la ojeada:** flüchtiger Blick. · **la incertidumbre:** Unsicherheit. · 15 **el
arrepentimiento:** Reue. · 16 **verse:** aussehen.

ción para buscar a un conocido que iba a pasarnos a
San Diego. Estuve horas sentada en mi maleta, aguan-
tándome el calor, el hambre, la inquietud de no tener
un centavo ni para maldita la cosa.

5   A las quinientas me decidí a ir al baño. Le pregunté
a un barrendero dónde quedaba. Cuando salí me dio
un consejo: «¿Por qué no come algo antes de que se
desmaye?» Enseguida le agarré confianza: «Estoy esperando a mi marido. Ya no ha de tardar. Si viene y no
10 me encuentra …» El hombre – delgado, oscuro, chi-
muelo – se metió la mano a la bolsa del overol y me
entregó un billete: «Es préstamo, que conste. En la
otra cuadra está el Desert Inn. Échese un taco.»

Le dije que, como mi esposo guardaba nuestro di-
15 nero, en cuanto él regresara yo volvería a pagar el
préstamo. Para más seguridad le describí a Goyo: «Es
altito, moreno, de cejas muy tupidas.» Levantó la mano: «Ahí párele. Con eso ya me figuro la clase de
hombre que es su *marido*. Si llega, le aviso dónde en-
20 contrarla.»

No me costó trabajo dar con el Desert Inn. Me sen-

---

1 **pasar a alg.** (Méx., fam.): jdn. über die Grenze bringen. · 2 **San Diego**: kalifornische Großstadt nahe der Grenze zu Mexiko. · 2f. **aguan-
tar(se)**: ertragen, aushalten. · 3 **la inquietud**: Unruhe, Sorge. · 4 **ni para maldita la cosa**: nicht einmal für die geringste Kleinigkeit. · 5 **a las
quinientas** (Méx.): nach einer ganzen Weile. · 6 **el barrendero**: Stra-
ßenkehrer. · 8 **agarrar confianza a alg.** (Méx.): zu jdm. Vertrauen fas-
sen. · 10f. **chimuelo/a** (Méx.): mit Zahnlücken. · 12 **que conste**: damit
das klar ist. · 13 **la cuadra** (Am.): Häuserblock. · **echarse**: hier: zu
sich nehmen. · **el taco**: (**1.** fam.) kleiner Imbiss, Happen; (**2.** Méx.)
Tortilla mit variierender Füllung. · 17 **tupido/a**: dicht. · 18 **ahí párele**
(Méx.): das reicht. · **figurarse**: sich vorstellen (können). · 21 **dar con
algo**: etwas finden.

té en la única mesa desocupada, cerca de la cocina.
Pedí nomás una coca. El mesero – entonces no sabía
que lo conocen por Chófor – me preguntó si iba a ser
todo. Le respondí muy segura: «Nomás que llegue mi
5 esposo, comemos.» Sonrió de ladito.

Cuando Goyo entró me paré a recibirlo: «¿Cómo
diste conmigo?» Cosa rara, se puso galante: «¿No lo
sabes, flaca? Te siento, te huelo. ¿Qué le parece mi
mujer, amigo?» Se dirigía a un tipo chaparro, de ojos
10 verdes y camisa roja a cuadros. Me barrió con la mirada antes de responder: «Con todo respeto, muy fina la
dama.»

Goyo decidió que nos cambiáramos a un gabinete:
así le decimos a la mesa con dos bancas. Ordenó cer-
15 vezas. Cuando Maurilio, el dueño del lugar, llegó con
el pedido, Benny – el de la camisa a cuadros – pidió la
especialidad: quesadillas de camarón. No las disfruté.
Me molestaba la presencia del extraño. Le pregunté a
Goyo cuándo íbamos a pasar del otro lado. Lo sentí
20 raro cuando me dijo: «Aquí nuestro amigo dice que la
situación está dura y más si queremos cruzar los dos al
mismo tiempo.»

---

1 **desocupado/a:** unbesetzt, frei (*desocupar:* freimachen, räumen). •
2 **nomás** (Am.): nur. • **el mesero / la mesera** (Méx.): Bedienung, Kell-
ner(in). • **entonces:** hier: da(mals). • 4 **nomás que** (+ subj.; Méx.): sobald. • 5 **Sonrió de ladito.** (Méx.): Er lächelte mich von der Seite /
schief an. • 6 **pararse a hacer algo** (Am.): etwas widerwillig/unwirsch
tun. • 8 **(la) flaca:** hier etwa: Liebes, Schätzchen (Kosewort). • 9 **cha-
parro/a** (Méx.): untersetzt. • 10 **a cuadros:** kariert. • 10f. **barrer a alg.
con la mirada:** jdn. mit einem Blick streifen. • 11 **fino/a:** dünn. • 14 **decir:** hier: nennen. • 17 **las quesadillas de camarón:** mit Käse überbac-
kene Garnelen. • 21 **cruzar:** hier: über die Grenze gehen.

Puse cara de perro apaleado. Benny sonrió: «No se mortifique, hay solución si usted está de acuerdo en que su señor se vaya por delante.» Me espanté: «¿Y quedarme sola? Pero si no conozco a nadie.» Goyo me habló al oído: «Se lo expliqué a Benny y también puede arreglar ese problema: sus primas viven aquí y rentan piezas. Quédate ahí.» Quise saber por cuánto tiempo. Benny respondió: «Esa es la bronca: como puede ser una semana pueden ser dos. Si quieren, los dejo para que hablen; pero decídanse pronto. Más tardecito hay un chance de pasar.»

En cuanto nos quedamos solos Goyo me besó y quiso acariciarme el pecho. Le dije que se estuviera quieto porque la gente nos veía. «¡Qué le hace! Tengo que llevarme un adelanto para poder aguantarme las ganas mientras volvemos a vernos.» Entendí que Goyo estaba de acuerdo con Benny. Le reclamé que no me hubiera tomado en cuenta: «Por seguirte, dejé a mi marido y ahora me botas a la vuelta de la esquina.» Goyo se dio cuenta de que todos nos veían. Muy dulce me pidió bajar la voz mientras que por debajo de la mesa me apretaba la pierna. El dolor me hizo

---

1 **poner cara de perro apaleado** (fig.): ein betroffenes Gesicht machen (*apalear*: verprügeln). · 2 **mortificarse**: sich quälen; hier: sich Sorgen machen. · 3 **espantarse**: erschrecken. · 7 **rentar**: vermieten. · **la pieza** (Am.): Zimmer. · 8 **la bronca** (Méx.): Schwierigkeit, Problem. · 14 **qué le hace** (Méx.): was macht das schon? · 15 **el adelanto**: Vorschuss. · 15 f. **la(s) gana(s)**: Lust, Verlangen. · 16 **mientras** (Méx.): bis (dass). · 17 **reclamar a alg. que** (+ subj.): jdm. vorwerfen, dass. · 18 **tomar en cuenta a alg.**: jdn. beachten, berücksichtigen. · 19 **botar** (Am.): wegwerfen; hier (fig.): im Stich lassen. · 19 **a la vuelta de la esquina**: an der nächsten Ecke. · 21 **dulce**: hier: mild, sanft.

gritar. Maurilio se acercó: «¿Pasa algo?» Goyo respondió: «Estamos jugando, pero mi flaca es bien cos-
quilluda.» Lloré de vergüenza. Maurilio ordenó a su
empleado: «Chóforo: ¡la cuenta de la siete!»

5   Goyo me reclamó: «¿Viste? Por tu culpa nos están
corriendo.» Me levantó del brazo pero me zafé y le hice una advertencia: «O pasamos juntos al otro lado o
me regreso a San Luis.» La gente dejó de comer para
mirarnos y Goyo se encrespó: «¿Ah, sí? Nomás dime
10   con qué pagarás el boleto, porque lo que es yo no
pienso darte ni un quinto.» Escuché risas.

Goyo salió. No me atreví a seguirlo. Me quedé
quieta, muy digna, con la esperanza de que regresara.
Sin él me sentía perdida, atorada como un puerco en
15   el lodo. No vi en qué momento se acercó Maurilio.
Pensé que iba a pedirme el lugar y me levanté: «No se
apure, ahorita le desocupo la mesa.»

Agarré mi maleta, decidida a irme. En una de esas
encontraba a Goyo esperándome en alguna esquina o
20   en la estación. Recordé mi deuda con el barrendero y
apenas alcancé a comprender lo que Maurilio me preguntaba: «¿Quieres trabajar? Tengo un chingo de pla-

---

2 f. **cosquilludo/a** (Méx., fam.): kitzelig. • 6 **correr a alg.:** jdn. hinauswer-
fen. • **zafarse:** sich befreien, lösen. • 7 **advertencia:** Warnung. • 8 **San
Luis:** San Luis Potosí, mexikanischer Bundesstaat mit gleichnamiger
Hauptstadt. • 9 **encresparse:** wütend werden. • 10 **el boleto** (Am.):
Fahrkarte. • 11 **ni un quinto** (Méx.): keinen Cent (1 quinto = 5 centavos). • 13 **digno/a:** würdevoll. • 14 f. **atorado/a como un puerco en el
lodo** (fig.): im Dreck sitzengelassen (*el puerco:* Schwein; *el lodo:*
Schlamm). • 16 f. **apurarse:** sich Sorgen machen. • 17 **ahorita** (Am.,
fam.): sofort. • 18 **agarrar:** (er)greifen, packen. • **en una de esas** (Méx.):
irgendwann. • 21 **apenas:** hier: nur mit Mühe. • **alcancé a comprender:**
ich verstand. • 22 **un chingo de** (Méx., vulg.): einen Haufen (von).

tos sucios.» Lo seguí a la cocina. En ese momento, por
el calorón, se me ocurrió que el restaurante debería
llamarse «Infierno».

Maurilio me quitó la maleta: «Espero que no seas
5 remilgada. Aquí uno hace de todo: lava, cocina, sirve
y hasta la hace de Doctora Corazón cuando hay
maridos cabrones.» Se me salieron las lágrimas. A
Maurilio no le importó: «Urgen platos limpios: ¿qué
esperas? Deja ahí tus cosas, luego hablamos de tu
10 sueldo.»

Le pregunté si al menos por esa noche podía quedarme a dormir en el restaurante. «No te conviene. A
las cinco llega el Chóforo a preparar todo. Abrimos a
las siete. Si quieres, en mi cuarto hay lugar.» Maurilio
15 no me pidió que durmiera en su cama. Yo solita me
acomodé junto a la pared. Después de ocho años, sigo
allí.

II

Me gusta vivir con Maurilio. Hablamos poco y nunca
20 de nuestras cosas. Sólo una vez me atreví a preguntarle acerca de su vida. Lo que me dijo me dolió tanto
que no quiero saber más.

Él tenía siete años cuando salió del pueblo con sus

---

2 **el calorón** (Am., fam.): brütende Hitze. • 5 **remilgado/a:** zimperlich,
empfindlich. • 6 **Doctora Corazón:** Ratgeberin in persönlichen (Lie-
bes-)Angelegenheiten. • 7 **el marido cabrón** (vulg.): Scheißkerl von
Ehemann. • 8 **urgir:** dringend benötigen. • 12 **no te conviene:** das ist
nichts für dich. • 14 **el cuarto:** Zimmer. • 15f. **acomodarse:** es sich be-
quem machen. • 21 **acerca de:** bezüglich, über.

padres. El viaje hasta Tijuana fue larguísimo. Se hospedaron en un hotelito mientras encontraban a un paisano, apodado *El Cascorvo,* que había ayudado a muchos a pasar.

5   Maurilio me contó que iban de un lado a otro, preguntando por *El Cascorvo.* Cuando ya se les iban a terminar los centavos redujeron las comidas a una sola y se atrasaron en el pago del cuarto. Llegaron a deber tanto que una madrugada escaparon por la ventana. De casualidad dieron con un albergue para indigentes. «Era una bodega inmensa. Las hermanas, con sus hábitos negros, repartían comida. Nunca olvidaré el ruido de las cucharas tallando los platos de aluminio. El sonsonete era la pinche canción del hambre.»

15   Maurilio recuerda que en el albergue había desde ancianos hasta niños. «Yo, al fin escuincle también, me puse a jugar con ellos, sin saber.» Sonó una campana. Un hombre tomó la palabra. Habló de las dificultades para los emigrantes y de niños extraviados en los caminos: «Manos caritativas los traen. Les damos

---

1 **Tijuana:** Stadt im mexikanischen Bundesstaat Baja California an der Grenze zu den USA. • 1 f. **hospedarse:** (in einem Hotel) absteigen, unterkommen. • 3 **el paisano / la paisana:** Landsmann/-männin. • **apodado/a:** genannt, mit dem Spitznamen (*el apodo:* Spitzname). • **cascorvo/a** (Am.): x-beinig, krummbeinig. • 8 **atrasarse en algo:** sich mit etwas verspäten, mit etwas in Verzug geraten. • 10 **el albergue:** Herberge, Unterkunft. • 10 f. **indigente:** bedürftig. • 11 **la bodega:** hier (Am., pey.): Schuppen. • **inmenso/a:** riesig (groß), immens. • 12 **el hábito:** Ordenskleid. • **repartir:** verteilen. • 13 **tallar:** (ab)schleifen, schneiden; hier: bearbeiten. • 14 **el sonsonete:** Geklapper. • **pinche** (Méx., fam.): armselig, erbärmlich. • 16 **el escuincle / la escuincla** (Méx., fam.): Kind, kleiner Junge / kleines Mädchen. • 17 f. **la campana:** Glocke. • 19 **extraviado/a:** verirrt, verloren.

la protección y el alimento que sus padres no pudie-
ron darles. No los juzguemos.»

Al salir del albergue, sus padres resolvieron hacer
lo único posible: aventurarse de una vez por el desierto. Después de mucho caminar se detuvieron en una
hondonada para dormir. Todavía estaba oscuro cuando Maurilio escuchó a su madre: «Hijo, despiértate.
Tu papá y yo vamos a adelantarnos un poquito. No te
muevas de aquí. Si alguien viene y te pregunta tu
nombre, se lo dices, y también que naciste en …»

Le pedí que me dijera como se llamaba su pueblo:
«No recuerdo y no me importa. En cambio, daría
cualquier cosa por saber si, en el momento de la des-
pedida, mi madre estaba llorando.»

México D. F. Domingo 11 de enero de 2004

---

3 **resolver hacer algo:** beschließen etwas zu tun. • 4 **aventurarse:** sich
wagen. • **de una vez:** auf einmal; endgültig. • 5 **detenerse:** anhalten,
stehenbleiben. • 6 **la hondonada:** Mulde, Hohlweg. • 8 **adelantarse:**
voran-, vorausgehen.

El desierto de Arizona

I

Angela atravesó el parque rumbo a la avenida. La luz del sol le hirió los ojos. El deslumbramiento y la fatiga la obligaron a detenerse. Puso en la banqueta su maletín lleno de muestrarios y se enjugó la frente. Ardía, como todo su cuerpo. La conciencia de que aún le faltaba por visitar cuatro salones de belleza le dio fuerzas para seguir caminando.

Procuró estimularse pensando que, de encontrar a sus clientas, en menos de tres horas estaría de vuelta en su casa. La asaltaron las voces interiores: *Niñita: ¿entiendes lo que te digo? ¿Dónde vivían, de dónde salieron? ¿No te acuerdas? Ándale, haz un esfuerzo.* Angela no les prestó atención. Las escuchaba con relativa frecuencia, sobre todo cuando permanecía mucho tiempo bajo los rayos del sol.

---

3 **rumbo** (m.) **a:** in Richtung (auf). • 4 **herir los ojos:** in den Augen weh tun. • **el deslumbramiento:** Blendung. • **la fatiga:** Müdigkeit. • 5 **detenerse:** anhalten, stehenbleiben. • **la banqueta** (Méx.): Bürgersteig. • 5 f. **el maletín:** Aktenkoffer. • 6 **el muestrario:** Muster, Warenprobe. • **enjugar:** trocknen, abwischen. • 6 **el arder:** brennen (*ardiente:* brennend, glühend). • 10 **procurar hacer algo:** versuchen etwas zu tun. • **estimularse:** sich Mut machen. • 12 **asaltar:** hier (fig.): bedrängen. • 13 **vivían:** *vivíais* (im lateinamerikanischen Spanisch steht überwiegend statt der 2. Person Plural die 3. Person Plural – wenn nötig, mit »ustedes« als Personalpronomen). • 14 **ándale** (interj.; Méx.): na los!, nur zu! • 16 **permanecer:** bleiben, sich aufhalten.

Una mujer, al pasar, le preguntó la hora. Angela miró su reloj pero no logró contestarle: la resequedad de garganta ahogaba su voz. La desconocida se alejó acusándola de egoísta: «¿Qué perdía con decírmela?» En la mente de Angela esas palabras se confundieron con otras, lejanas: *¿Por qué no respondes? ¿De qué tienes miedo?* Inesperadamente, Angela tuvo ganas de llorar y se mordió los labios. Al sentirlos ásperos pensó en el consejo de su entrenadora en la compañía de cosméticos: «Para tener buena clientela, preséntense arregladitas.» El recuerdo le cambió el humor.

De lejos vio el restaurante El Oasis. Su toldo verde y las palmeras artificiales junto a la puerta siempre la habían atraído. *Babe tranquila, despacito, aquí no te va a suceder nada malo.* Como si huyera de una persecución, entró en el establecimiento. Eligió la última mesa, sin importarle los platos sucios y los cascos.

La empleada que acudió a retirarlos le ofreció el menú *Mira bien estas fotos y dime si reconoces a alguno de estos señores.* Con voz entrecortada Angela pidió un vaso de agua. La muchacha, que hacía equili-

---

2 **la resequedad:** völlige Trockenheit. • 3 **ahogar algo:** etwas ersticken. • **el desconocido / la desconocida:** Unbekannte(r), Fremde(r). • 5 **la mente:** Verstand; hier: Kopf. • 7 **inesperadamente:** plötzlich, unerwartet. • **tener ganas de llorar:** den Drang haben zu weinen. • 8 **áspero/a:** rauh. • 9 **el entrenador / la entrenadora:** Ausbilder(in). • 10 **la clientela:** Kunden, Kundschaft. • 10 f. **arreglado/a:** ordentlich zurechtgemacht, gepflegt. • 11 **el humor:** hier: Laune, Stimmung. • 12 **de lejos:** von weitem. • **el toldo:** Vordach, Markise. • 14 **babe** (ingl.): Kindchen. • 16 **el establecimiento:** Gebäude. • 17 **el casco:** hier: leere Flasche. • 18 **acudir a** (+ inf.): herbeieilen, um zu. • **retirar:** wegräumen. • 20 **entrecortado/a:** stockend. • 21 f. **hacer equilibrios con algo:** etwas balancieren.

brios con las botellas, preguntó «¿Con hielo o sin
hielo?»

«Fría», contestó Angela, impaciente, y apoyó la cabeza contra la pared.

5 Asoció su frescura al placer de un baño. Prometió
dárselo en cuanto llegara a su casa y también se juró
que, en adelante, usaría la cachucha que Anselmo
acababa de regalarle para que se protegiera del sol
durante los partidos dominicales de futbol.

10 Apreciaba en verdad el obsequio. Las noches en
que Anselmo doblaba turno en el camión, Angela po-
nía la cachucha en la ventana: «Para que los ladrones
vean que hay un hombre en la casa.» *¿De dónde salieron ustedes? ¿Cuándo? Haz un esfuerzo.* Otra vez
15 se sintió agobiada por el calor. Tomó el menú y se
abanicó.

«Si quiere, agarre mi periódico. Da más aire», le dijo un hombre en el momento de abandonar la mesa
contigua. Por simple cortesía, Angela tomó el diario y
20 lo agitó frente a su cara; en cuanto el desconocido se
alejó, ella volvió a ponerlo en la mesa.

---

3 **impaciente:** ungeduldig. • 5 **asociar algo a algo:** eine Sache mit etwas
in Verbindung bringen, assoziieren. • **la frescura:** Frische, Kühle. •
7 **en adelante:** künftig. • **la cachucha:** Schirmmütze. • 9 **dominical:**
sonntäglich, Sonntags… • 10 **el obsequio:** Geschenk. • 11 **doblar turno:** zwei Schichten nacheinander arbeiten. • 15 **sentirse agobiado/a
por algo:** unter etwas leiden. • 16 **abanicarse:** sich Luft zufächeln. •
17 **agarrar:** (er)greifen, packen; hier: nehmen. • 19 **contiguo/a:** benach-
bart, Neben… • **por simple cortesía** (f.): aus reiner Höflichkeit.

II

Al terminar de comer Angela sintió una irrefrenable
somnolencia. En medio de su sopor, escuchó la voz le-
jana: *Después de tantos días sin alimento, es natural*
5 *que le haya caído pesado.* Para despabilarse ordenó un
café. Mientras lo esperaba cerró los ojos. La mesera la
despertó: «Se ve que la comida le cayó pesada. A lo
mejor llevaba mucho tiempo con el estómago vacío.»
Angela se sorprendió de que la empleada dijera esa
10 frase. ¿Dónde la había escuchado antes? Tal vez en
sueños. Los suyos eran obsesivos: un mismo lugar, un
sol ardiente, un árbol «con ramas como patas de araña», le había explicado a Anselmo una noche en que
salió, sudorosa, de una pesadilla.

15   Con disimulo, Angela se persignó para agradecer a
Dios que le hubiera permitido conocer a Anselmo.
¿Qué hombre en el mundo toleraría sus arranques de
angustia? Además, él jamás la había humillado por no
tener padres: «No eres la única y si lo fueras, tampoco
20 me importaría. Pienso que tanto tú como yo nacimos
el mismo instante en que nos conocimos, como dice la
canción.»

2 **irrefrenable:** unaufhaltsam, unbändig. • 3 **la somnolencia:** Schläfrigkeit, Müdigkeit. • **en medio de:** inmitten. • **el sopor:** Schlaftrunken-
heit, Schläfrigkeit. • 5 **le haya caído pesado:** liegt ihr schwer im Magen. • **despabilarse:** die Müdigkeit abschütteln, munter werden. • **or-
denar:** hier: bestellen. • 6 **el mesero / la mesera** (Méx.): Bedienung,
Kellner(in). • 7f. **a lo mejor:** möglicherweise. • 8 **el estómago:** Magen. • 10 **tal vez:** vielleicht. • 11 **obsesivo/a:** zwanghaft. • 14 **sudoroso/a:**
schweißnass. • 15 **con disimulo:** heimlich (*el disimulo:* Verschleie-
rung). • **persignarse:** sich bekreuzigen. • 17 **el arranque:** hier (fig.):
Anfall. • 18 **humillar:** demütigen, kränken.

Cuando Angela bebió el último sorbo de café tenía la cara húmeda y la ropa pegada al cuerpo a causa del sudor. *Un pedazo de tu vestidito, para que al menos no le piquen las arañas mientras descansa.* Pensó en dis-
5 minuir la incomodidad abanicándose y tomó el periódico. «De la tragedia ocurrida en el desierto de Arizona sólo quedó un sobreviviente.» La frase la atrapó y siguió leyendo la noticia:

«Un trabajador de Maricopa descubrió los cuerpos de
10 un hombre y una mujer muertos por deshidratación. El individuo vestía ropa sencilla y cachucha, prenda que no bastó para protegerlo de las altas temperaturas que se registran en el desierto. Se infiere que la mujer falleció antes que él porque su rostro estaba cubierto con
15 un trozo de tela.

A muy corta distancia de los cadáveres fue localizada, llorando bajo un huizache, una niña de edad incierta. La menor fue conducida a un hospital del condado. Su lamentable condición le ha impedido dar informes
20 que permitan conocer su procedencia o la de sus pa-

---

1 **el sorbo:** Schluck. • 4 f. **disminuir:** vermindern, senken. • 5 **la incomodidad:** Unbehaglichkeit. • 7 **el/la sobreviviente:** Überlebende(r). • **atrapar a alg.:** hier (fig.): jds. Interesse wecken. • 9 **Maricopa:** Maricopa County, Verwaltungsbezirk im Bundesstaat Arizona mit Phoenix als Verwaltungssitz. • 10 **la deshidratación:** Austrocknung. • 11 **la prenda:** Kleidungsstück. • 13 **registrarse:** zu verzeichnen sein. • **inferir:** folgern, schließen. • 13 f. **fallecer:** sterben. • 14 **el rostro:** Gesicht. • 17 **el huizache** (Méx.): Akazienstrauch. • 17 f. **incierto/a:** unbestimmt, ungewiss. • 18 **el condado:** (Land-)Kreis. • 19 **lamentable:** bedauernswert, elend. • **la condición:** hier: Zustand, Verfassung. • 20 **la procedencia:** Herkunft.

dres. En cuanto se recupere será alojada en la Casa del
Migrante Indígena.

El caso, que ha estremecido a la comunidad mexicana de Arizona, recuerda el de una familia que, hace
5 veinticinco años, padeció una tragedia semejante.»

Angela sintió cómo se revolvían en su cabeza las voces interiores. El eco le impidió comprender a la mesera: «¿Le traigo ya su cuenta o quiere algo más?»
Angela se oprimió las sienes y repitió las palabras dic-
10 tadas por su memoria: «Hija: no te asustes. Tu mamá
sólo está dormida. A ver, acércate y deja que te arranque un pedacito de falda. Con eso vamos a taparle la
cara a Benigna para que las arañas no la piquen. Con
este sol, yo también tengo sueño. ¿Tú no? Acuéstate
15 mientras vienen a buscarnos, porque luego tendremos
que caminar mucho, mucho …»

La empleada interpretó esas palabras como señal
de locura y pidió auxilio. El cocinero se acercó y al ver
el lamentable estado de Angela le preguntó si deseaba
20 que llamaran a algún familiar para que fuera a buscar-
la. Angela no reaccionó. El hombre hizo otro intento:
«¿Por qué no responde? ¿De qué tiene miedo?»

---

1 **recuperarse:** sich erholen. · **alojar:** unterbringen. · 2 **indígeno/a:**
eingeboren, einheimisch. · 3 **estremecer a alg.:** jdn. erschauern lassen,
erschüttern. · 5 **padecer:** erleiden. · **semejante:** ähnlich, derartig. ·
6 **revolverse:** durcheinandergehen. · 7 **el eco:** Echo. · 9 **oprimir:**
(zusammen)drücken. · **la sien:** Schläfe. · 11f. **arrancar:** abreißen. ·
12 **tapar:** bedecken. · 15 **buscar:** hier: (ab)holen. · 18 **la locura:** Wahn-
sinn, geistige Verwirrung. · **pedir auxilio:** Hilfe herbeirufen. · 20 **el/la**
familiar: Familienangehörige(r), Verwandte(r). · 21 **el intento:** Ver-
such.

Por primera vez, después de veinticuatro años, Angela tuvo una respuesta: «De levantar el pedazo de tela que mi padre arrancó de mi falda y ver que mi madre no dormía: estaba muerta. Sentada bajo un árbol
5 con ramas como patas de araña, vi a mi padre agotarse hasta fallecer. Entonces la muerte llenó todo el desierto.»

México D. F. Domingo 8 de junio de 2003

---

5 f. **agotarse:** sich verausgaben, hier: austrocknen.

Departamento 808

Hace años, la tarde en que Sixto se fue a Estados Unidos, le prometí que cuando regresara le haría una comidita para darle la bienvenida. Ya le quedé mal, pero
5 no por mi culpa. Desde que ocurrió la desgracia, no he tenido ni un minuto libre. Primero me la pasé arreglando lo del entierro de Consuelo y después atendiendo al licenciado Olvera. Quiere saberlo todo acerca de Daniel: «Hábleme de su comportamiento, sus
10 amistades, las visitas que recibía, adónde iba.»

La primera vez que el licenciado me interrogó no logré contestarle nada. Dijo que con mi actitud sólo retrasaría las investigaciones. Me pareció increíble que un hombre con estudios fuera incapaz de enten-
15 der mi reacción y tuve que explicársela: «Para usted a lo mejor estas cosas son de lo más natural y ya no lo impresionan. Para mí es distinto: sigo pensando en Consuelo, desangrándose en la cama, y en Daniel esperando a que su madre recobrara la conciencia.»

---

1 **el departamento:** hier: Zimmer, Wohnung. • 3 f. **hacerle una comidita** (Méx., fam.): ihm eine seiner Lieblingsspeisen bereiten. • 4 **darle a alg. la bienvenida:** jdn. begrüßen, willkommen heißen. • **quedarle mal a alg.:** jdm. etwas schuldig bleiben. • 6 f. **me la pasé arreglando** (Méx.): hier: zuerst musste ich … regeln. • 7 f. **atender a alg.:** jdm. zur Verfügung stehen, jdn. betreuen. • 8 **el licenciado:** Akademiker (hier mit Abschluss zum Rechtsanwalt). • 8 f. **acerca de:** über, bezüglich. • 11 **interrogar a alg.:** jdn. befragen, vernehmen. • 13 **retrasar:** verzögern. • 14 **incapaz:** unfähig. • 15 f. **a lo mejor:** vielleicht. • 18 **desangrarse:** verbluten. • 19 **recobrar la conciencia:** wieder zu sich kommen.

El licenciado Olvera se limitó a decirme que volvería por la mañana. En cuanto llegó insistió en que le hablara de Daniel. Le pregunté si antes no sería bueno que le dijera algunas cosas acerca de Consuelo. Levantó los hombros: «No es necesario. Puedo imaginarme su situación. Las madres solteras o las que se ven abandonadas por sus parejas cargan una responsabilidad muy fuerte. Llegan a fastidiarse y muchas terminan por ver al hijo – tal vez no deseado – como una simple carga de la cual sólo quieren deshacerse. Este secreto genera resentimiento que deviene en agresividad y en muchos casos en violencia hacia el menor. Necesitamos saber cuál de los dos factores determinó el comportamiento agresivo del niño.»

Su explicación me pareció muy injusta y ofensiva para la memoria de Consuelo: «¿Sabe qué, licenciado? Yo en su caso no hablaría tan a la ligera. Para que lo sepa, Consuelo fue una madre ejemplar.»

Olvera sonrió como burlándose de mí: «Sí, claro, tanto que se iba todo el día y dejaba a su hijo encerrado. No me mire como si estuviera inventándolo: es lo que me han dicho sus vecinos; pero si no es verdad, aclárelo.»

Pensó que ya con eso iba a quedarme callada, pero

---

1 **limitarse a:** sich beschränken auf. • 7 **la pareja:** hier: Partner. • 8 **fastidiarse:** sich ärgern, wütend werden. • 9 **tal vez:** vielleicht. • 10 **deshacerse de algo:** sich einer Sache entledigen. • 11 **generar:** erzeugen. • **el resentimiento:** Verdruss, Abneigung. • **devenir en:** werden zu, sich entladen in. • 13 **determinar algo:** etwas bestimmen, zu etwas führen. • 15 **ofensivo/a:** beleidigend. • 16 **la memoria:** Gedächtnis, Erinnerung; hier: Andenken, Gedenken. • 17 **a la ligera:** leichthin, oberflächlich. • 18 **ejemplar:** vorbildlich. • 20 f. **encerrar:** einsperren.

se equivocó: «Mire, lo que le dijeron es cierto. Lástima que sus informantes no se hayan tomado la molestia de explicarle que Consuelo encerraba a su hijo
porque no tenía quien se lo cuidara mientras ella se
5 iba a trabajar. Empezaba a las siete de la mañana en
un restaurancito que está por Cuatepec. De allí salía a
las dos, apenas con tiempo para llegar a un taller de
costura. Su turno terminaba más o menos a las diez,
así que venía llegando entre once y doce de la noche.
10 ¿Necesita que le explique algo más?»

El licenciado prefirió cambiar de tema. «¿Qué sabe
del padre de Daniel?»

Me pedía un imposible. Jamás lo he visto y Chelo
me habló de él sólo un domingo que bajé a cobrarle la
15 renta. Daniel ni me saludó porque estaba muy entre-
tenido viendo su tele. Consuelo me pidió que pasara a
su recámara. Sacó de una caja un envoltorio. Al des-
atarlo para entregarme el dinero vi entre los billetes
una pistola. Le pregunté si no le daban miedo las ar-
20 mas: «Ésta no. Cándido, mi esposo, me la regaló hace
tres años, cuando se fue a trabajar a Caminos y Puentes. Quiso dejarme al menos con qué defenderme
mientras volvía; pero ya ve, seguimos esperándolo.»

A Consuelo se le llenaron los ojos de lágrimas y no
25 me atreví a preguntarle más acerca de su marido.

---

2 f. **tomarse la molestia de** (+ inf.): sich die Mühe machen zu. • 6 **Cuatepec:** Stadtteil im Norden von Mexiko-Stadt. • 7 f. **el taller de costura:**
Schneiderwerkstatt. • 13 **lo imposible:** Unmögliches, Unmöglichkeit. •
Chelo: Kurzform von *Consuelo*. • 15 **la renta:** Miete. • 17 **la recámara**
(Méx.): (Schlaf-)Zimmer. • **el envoltorio:** Bündel. • 17 f. **desatar:** auf-
schnüren. • 21 f. **Caminos y Puentes:** Tiefbau, Straßen- und Wasser-
bauwesen. • 23 **mientras** (Méx.): bis (dass).

Ahora tendré que buscarlo para que sepa lo que sucedió y se encargue de su hijo. Espero que Daniel pueda
decirme algo de su padre. Se lo preguntaré en cuanto
logre visitarlo. Quería ir este domingo y pedí autoriza-
5 ción por teléfono, pero la señorita que tomó mi llamada dijo: «Es política de nuestro Centro Conductual
que los niños permanezcan aislados de sus familiares y
conocidos mientras se les realizan los estudios. Adop-
tamos esta medida para evitar presiones o influen-
10 cias ... usted comprende.»

La negativa me pareció injustificada y «la política»
del Centro Conductual una soberana estupidez. Me
mordí la lengua para no malquistarme con la señorita
y sólo le pregunté como para cuándo pensaba ella que
15 yo podría ver a Daniel.

«Eso no depende de mí, sino de la disposición del
interno para colaborar en los estudios. A algunos me-
nores se les dificulta más que a otros adaptarse a su
nuevo ambiente. Desde mi punto de vista, a Daniel lo
20 está bloqueando el aislamiento. Se ve que no lo en-
tiende.»

4f. **pedir autorización** (f.): Erlaubnis beantragen. • 6 **el Centro Conductual:** Anstalt für Schwererziehbare (*conductual:* Verhaltens...) •
7 **permanecer:** bleiben. • **el/la familiar:** Familienangehörige(r), Ver-
wandte(r). • 8f. **adoptar una medida:** eine Maßnahme ergreifen. •
9 **la presión:** Druck. • 11 **la negativa:** Ablehnung, Weigerung. • **injus-
tificado/a:** ungerechtfertigt. • 12 **una soberana estupidez:** ausgemachte
Torheit. • 13 **malquistarse con alg.:** sich mit jdm. überwerfen. • 14 **como:** hier: ungefähr. • 16 **la disposición:** Bereitschaft. • 17 **el interno /
la interna:** sich in Gewahrsam befindende Person. • 18 **se les dificulta:**
es fällt ihnen schwer. • **adaptarse a algo:** sich an etwas anpassen, gewöhnen. • 19 **el ambiente:** Umgebung. • 20 **bloquear:** blockieren. • **el
aislamiento:** Isolierung, Einzelbehandlung; Vereinsamung.

No pude menos que reírme. La señorita debió creer que me había vuelto loca y más cuando le dije: «Mi madre pensaba que nacemos clavados en un destino y sólo la muerte puede arrancarnos de él. ¿Usted qué opina de eso?»

No me importó que la señorita colgara sin responderme, porque la pregunta me la estaba haciendo a mí misma. Acabé por aceptar que mi madre tenía razón, al menos en el caso de Daniel: nació condenado a la soledad.

El niño cumplió seis años en junio. Llegó a *El Avispero* siendo una pildorita de tres. Ignoro cómo habrá vivido antes, lo único que sé es que durante todos estos años raras veces salió de su departamento: allí vivía encerradito.

Las primeras semanas, cuando yo pasaba frente al 808, lo veía pegado a la ventana, mirando a los muchachos jugar futbol en el patio. Creo que se aburrió porque ya luego dejé de verlo, pero en cambio oía su tele encendida todo el tiempo. Por el ruidero y los balazos me di cuenta de que sólo le interesaban las series violentas y las películas de guerra.

Una mañana que me encontré a Consuelo en los la-

---

1 **no poder menos que** (+ inf.): nicht umhin können zu. • 3 **clavado/a en un destino:** mit einem vorbestimmten Schicksal versehen (*clavar:* nageln, beschlagen). • 4 **arrancar:** herausreißen, befreien. • 11 f. **el avispero:** Wespennest; hier Name für einen Wohnblock im Zentrum von Mexiko-Stadt. • 12 **ser una pildorita de tres** (Méx., fam.): so klein wie ein Dreijähriger sein. • 20 **el ruidero** (Méx.): anhaltender, heftiger Lärm. • 20 f. **el balazo:** Schuss. • 23 f. **el lavadero:** Waschplatz, Waschküche.

vaderos le hice plática y bajita la mano le pregunté si
no quería que su hijo estudiara.

«Claro que sí, pero ahorita no hay quien lo lleve y
lo traiga de la escuela. Yo empiezo a chambear muy
5 temprano y, ya ve, regreso bien tarde. Daniel todavía
está muy chico para mandarlo solito. Por eso estoy
pensando buscarme un trabajo por aquí cerca, no le
hace que gane menos. Con eso y con tantito que cosa
ajeno en las noches creo que podremos arreglarnos.»

10 Le prometí investigar quién del rumbo necesitaba
ayudante. Como me han dicho que Zoila está metidí-
sima con el novio, fui a ver a Genoveva y le recomen-
dé a Consuelo para el día que falte su galopina.

También pasé a la joyería Cleopatra. Don Sixto an-
15 daba por la Merced. Me preocupó ver sola a Estelita y
aproveché para aconsejarle que buscara un depen-
diente, alguien que al menos le hiciera compañía:
«Porque así como la encontré hoy, es fácil que se le
vuelvan a meter los ladrones y para qué quiere otro
20 susto.»

Estelita me confesó que ese temor no la dejaba dor-

---

1 **hacerle plática a alg.** (Méx.): jdn. ansprechen (*la plática:* Unterhal-
tung). · **bajita la mano:** indirekt, hinten herum. · 3 **ahorita** (Am.,
fam.): im Moment. · 4 **chambear** (Méx., fam.): arbeiten. · 6 **chico/a:**
jung. · 7 f. **no le hace que** (+ subj.; Méx.): selbst wenn. · 8 **con tantito**
(Méx., fam.): mit einem kleinen Zuverdienst. · 8 f. **coser ajeno:** für andere nähen. · 9 **arreglarse:** zurechtkommen. · 10 **del rumbo** (Méx.):
in der Nähe. · 11 **el/la ayudante:** Gehilfe/Gehilfin. · 11 f. **metidísimo/a
con** (fam.): total verliebt in (Elativ zu *metido/a*). · 13 **el galopín / la galopina:** Küchenjunge/-mädchen. · 14 f. **andar por la Merced:** auf dem
Markt verkaufen (*la Merced:* beliebter alter Markt in Mexiko-Stadt). ·
16 **aprovechar para** (+ inf.): die Gelegenheit nutzen zu. · 16 f. **el/la de-
pendiente:** Gehilfe/Gehilfin. · 21 **el temor:** Furcht.

mir. Pensé que era el momento ideal para recomendarle a Consuelo. Le pareció buena candidata: «Dígale que pase a verme.»

Le aclaré que, por su ritmo de trabajo, Consuelo
5 nada más podría entrevistarse con ellos el siguiente domingo.

«Está bien. Ya sabe que nosotros vivimos en el cuarto de atrás, nomás dígale que toque fuerte porque cada día estamos más sordos …»

10 Como yo también me levanto muy temprano pensé en darle la buena noticia a Chelo en la mañana, cuando saliera a su trabajo. Al momento en que terminé de vestirme oí un disparo y los ladridos de Rambo y Killer. Tuve una corazonada y bajé directo al 808. Da-
15 niel me abrió. Corrí a la recámara. Vi a Consuelo desangrándose en la cama y la pistola sobre la máquina de coser. Daniel se acercó y me dijo muy tranquilo: «Estábamos jugando a que yo era el agente Malaton y ella la fugitiva Kroa. Le disparé, pero va a despertar.
20 En mis caricaturas Kroa siempre despierta.»

México D. F. Domingo 13 de febrero de 2005

---

5 **nada más** (Méx.): nur. · **entrevistarse con alg.:** sich mit jdm. besprechen. · 8 **el cuarto de atrás:** nach hinten gehendes Zimmer. · **nomás** (Am.): nur. · **tocar:** hier: anklopfen. · 13 **el disparo:** Schuss (*disparar a alg.:* jdn. erschießen). · **el ladrido:** Bellen. · 14 **la corazonada:** Vorahnung. · 19 **el fugitivo / la fugitiva:** Flüchtling, Flüchtige(r). · 20 **las caricaturas** (Méx.): Zeichentrickfilm.

El vuelo de Chicago

I

Diana oye los comentarios con falso interés, sólo para
cubrir el expediente. Las palabras de sus compañeros
5 arrastran olores a comida, sensación de hartura, fastidio envuelto para regalo. De un momento a otro le
preguntarán qué hizo durante sus vacaciones. Tiene
bien estudiada la respuesta: «La pasé muy tranquila
en la casa. Mi mamá sigue delicada y preferí que no
10 saliéramos.»

Escucha suspiros y percibe intercambio de miradas.
Juntas significan: «Pobre Diana.» Le choca sentirse
sujeto de lástima. Aun así, lo prefiere a la extrañeza
que suscitaría entre sus compañeros saber la verdad:
15 fue al aeropuerto para reconstruir un recuerdo. La
frase le parece ridícula y le arranca una sonrisa que
despierta la suspicacia de Amalia: «Él que a solas se
ríe …» Julieta termina la frase: «De sus maldades se

---

4 **cubrir el expediente:** den Schein wahren. • 5 **arrastrar:** schleppen, ziehen; hier: nach sich ziehen. • **la hartura:** (Über-)Sättigung. • 5f. **el fastidio:** Verdruss. • 9 **delicado/a:** kränklich. • 12 **chocar a alg.:** jdn. erstaunen, schockieren. • 13 **el sujeto:** Subjekt; hier: Gegenstand. • **aun así:**
(aber) trotzdem. • **la extrañeza:** Befremden, Erstaunen. • 14 **suscitar:**
hervorrufen. • 16 **arrancar:** herausreißen; hier (fig.): entlocken. • 17 **la
suspicacia:** Argwohn. • **a solas:** für sich allein. • 18 **la maldad:** Bosheit,
Schlechtigkeit.

acuerda y de sinvergüenza se pasa.» Nuevas risas y la insistencia de Carolina: «Cuéntanos: ¿qué hiciste?»

Amalia no se da por vencida: «Se me hace que te fuiste por ahí con algún galán.» Diana considera la posibilidad de que alguien la haya visto en el aeropuerto. Enseguida la desecha: entre aquel gentío, ¿quién hubiera podido verla? Además, se mimetizó con los grupos que acudían a recibir a los viajeros: compró una rosa, se precipitó al módulo de información, corrió hacia el área de monitores y protestó, como la mujer que estaba a su lado, por la demora del vuelo de Chicago.

Diana lamenta que su madre no esté en condiciones de escucharla. Se rectifica: «De entenderme.» A no ser por la terrible demencia que padece, le diría: «Fui al aeropuerto. Como siempre, el vuelo de Chicago se retrasó. Esperé hasta que salió el último pasajero. Mi papá no llegó. Tal vez regrese para mi cumpleaños. Es en marzo: no falta mucho.» Las últimas palabras no son suyas. Pertenecen al recuerdo más intenso y doloroso de su infancia.

---

1 **pasarse de sinvergüenza:** allzu unverschämt sein. • 3 **se me hace que** (Méx., fam.): mir scheint (dass). • 4 **el galán:** Liebhaber. • 6 **desechar:** verwerfen. • **el gentío:** Menschenmenge. • 7 **mimetizarse:** sich tarnen. • 8 **acudir a** (+ inf.): herbeieilen, um zu. • 9 **precipitarse a algo:** sich auf etwas stürzen, zu etwas hineilen. • 10 **el área** (f.): Zone, Raum. • 11 **la demora** (Am.): Verspätung (*demorado/a*, Am.: verspätet). • 13 **estar en condiciones de** (+ inf.): in der Lage sein zu. • 14 **rectificarse:** sich verbessern. • 14f. **a no ser:** falls nicht, es sei denn, dass nicht. • 15 **padecer algo:** an etwas leiden. • 17 **retrasarse:** sich verspäten. • 18 **tal vez:** vielleicht. • 20 **intenso/a:** intensiv, nachhaltig.

II

En la casa abundaban los retratos de su padre. Con
frecuencia su mamá los descolgaba para sacudirlos y
al mismo tiempo desempolvar las memorias: «Aquí
5 estamos celebrando un aniversario.» «Esa nos la to-
maron en Cinco de Mayo.» «Aquí se nota que faltaba
poco para que tú nacieras.»

De todas las fotos sólo una tenía una inscripción al
reverso: «Tomada en el aeropuerto la tarde en que
10 Luis salió rumbo a Chicago.» Cuando Diana fue capaz
de leerla, advirtió que no estaba fechada: «No lo necesita. Luis se fue al día siguiente de que cumpliste un
año.» Esa explicación la satisfizo y le sugirió otras pre-
guntas: «¿Por qué no llama por teléfono?» «Es muy
15 caro y no estamos como para desperdiciar el dinero.»
«¿Y por qué no escribe?» «Es que muy pronto volve-
rá.» «¿Cuándo es *pronto*?» Su madre le contestó sin
titubear: «Para el Día de Reyes.»

Diana escuchó la respuesta con desencanto. Era
20 abril, faltaba mucho tiempo para la fecha anhelada.

---

2 **abundar:** reichlich vorhanden sein. • 2f. **con frecuencia:** häufig. •
3 **sacudir:** schütteln. • 4 **desempolvar:** entstauben. • **la memoria:** Erinnerung. • 6 **El Cinco de Mayo:** mexikanischer Nationalfeiertag (zum
Gedenken an den Sieg über die französischen Truppen im Jahre 1862
bei Puebla). • 8 **la inscripción:** Inschrift; hier: Notiz, Vermerk. • 8f. **al
reverso:** auf der Rückseite. • 10 **rumbo** (m.) **a:** in Richtung. • 11 **advertir algo:** etwas feststellen. • **fechado/a:** datiert. • 13 **satisfacer a alg.:**
jdn. zufriedenstellen. • **sugerir algo a alg.:** jdm. etwas nahelegen, jdn.
auf/zu etwas bringen. • 15 **desperdiciar:** verschwenden. • 18 **titubear:**
zögern. • **El Día de Reyes:** Dreikönigsfest (6. Januar). • 19 **el desencanto:** Enttäuschung. • 20 **anhelar algo:** etwas herbeisehnen.

Calmó el ansia de ver a su padre contemplando sus fotos. Le resultaba gracioso darse cuenta de que mientras ella crecía, él continuaba estacionado en el tiempo.

Sintió miedo de que no pudieran reconocerse después de una separación tan prolongada. Su madre desterró su temor: «La sangre llama, y además, eres idéntica a él: tienes su sonrisa, el mismo nacimiento del cabello y sobre todo sus ojos.»

Para demostrarle que el parecido era incuestionable, su madre descolgaba alguna foto y la pedía que la observara con detenimiento. «Fíjate bien: son igualitos.» Diana se esforzaba sin conseguirlo por verse reflejada en la imagen. Acabó por creer que su cara también se iba desvaneciendo. Esa era su pesadilla.

III

Desde que su madre precisó la fecha en que su padre volvería, Diana adquirió seguridad ante sus compañeros de escuela. Por cualquier motivo, muchas veces sin que viniera a cuento, les decía que él iba a regresar el 6 de enero. En la casa también alteró su actitud. Dejó de

---

1 **el ansia** (f.): sehnlicher Wunsch, Sehnsucht. • 3 **estacionarse:** unverändert (stehen)bleiben. • 6 **desterrar:** verscheuchen, zerstreuen. • **el temor:** Furcht; hier: Befürchtung. • 7 f. **el nacimiento del cabello:** Haaransatz. • 9 **el parecido:** Ähnlichkeit. • 9 f. **ser incuestionable:** außer Frage stehen. • 11 **con detenimiento:** aufmerksam (*el detenimiento:* Ausführlichkeit). • 12 f. **reflejar:** (wider)spiegeln. • 13 **acabar por hacer algo:** schließlich etwas tun. • 14 **desvanecerse:** verblassen, vergehen. • 17 **adquirir seguridad:** an Sicherheit gewinnen. • 19 **venir a cuento:** gelegen kommen. • 20 **alterar:** verändern.

ser comunicativa con su madre y atesoró hasta las mínimas experiencias para contárselas a su papá. Después
de que él la escuchara pensaba hacerle una pregunta:
«Cuando vuelvas a Chicago, ¿podemos irnos contigo?»
5   En sus sueños la respuesta era afirmativa. Empezó
a odiar su casa, la calle, el barrio; vio con falta de interés creciente a sus amigos, al fin pronto se iría a Chicago, donde conocería a otras personas.
Muchas veces la asaltaba el temor de que su padre
10 se negara al viaje juntos. Entonces su madre, como
siempre, hacía lo posible por tranquilizarla: «Si no
quiere llevarnos será porque piensa quedarse aquí.»
Esa perspectiva, aunque menos interesante, la inspira-
ba a reconciliarse con su mundo. Después de todo lo
15 importante era tenerlo a *él* de carne y hueso, escuchar
su voz y su respiración, tocarlo y sentir su calor; sacar-
lo, en una palabra, del enclaustramiento a que estaba
sujeto en las fotos.

IV

20 Diana reconoce que aquel 6 de enero sigue siendo el
día más feliz e importante de su vida. Se levantó muy
temprano. Accedió a bañarse. Lloró ante el espejo

1 **atesorar:** horten; hier: für sich behalten. • 5 **afirmativo/a:** bejahend. •
7 **creciente:** zunehmend, steigend. • **al fin:** schließlich. • 9 **asaltar:** hier
(fig.): befallen, überkommen. • 14 **reconciliarse:** sich versöhnen, aus-
söhnen. • 15 **de carne y hueso:** aus Fleisch und Blut. • 17 **enclaustramiento:** Abgeschiedenheit, Versteck. • 18 **sujeto/a a algo:** einer Sache
ausgeliefert, unterworfen. • 22 **Accedió a bañarse:** Sie beschloss, ein
Bad zu nehmen.

cuando notó la falta de un diente: «Me verá fea.» Su
madre la consoló: «Entenderá que estás mudando. Sabe que eso nos sucede a todos cuando somos niños.»
Preguntó si a su papá también, y la madre, llorando, le
respondió que sí.

La tarde fue larguísima. El ansia fatigó a Diana pero no quiso dormir. Temía perderse la llegada del
avión y que su padre no la encontrara esperándolo
con sus buenas calificaciones en una mano y una rosa
en la otra.

Llegaron al aeropuerto a las seis. A Diana, que
nunca antes había estado allí, le pareció inmenso. Su
madre la llevó al mirador. Tomadas de la mano, indi-
ferentes al ruido y al aire frío, fingieron interés por la
maravilla jamás vista: el despegue y el aterrizaje de
aviones. Al cabo de una hora bajaron a la llegada internacional.

A Diana la sorprendió ver que todo el mundo iba
de prisa, menos ellas. Entonces se apresuró también.
Al pasar junto al módulo de información su madre
preguntó por el vuelo de Chicago: «Viene 45 minutos
demorado.» Diana odió a la informante.

Volvieron al mirador atestado de familias. Los adultos parecían más entusiasmados que los niños. Sus vo-
cecitas apenas se escuchaban entre el fragor de los

---

2 **mudar:** sich verändern. • 6 **fatigar a alg.:** jdn. müde machen, ermü-
den. • 9 **la calificación:** hier: Schulnote. • 12 **inmenso/a:** riesig (groß). •
13 **el mirador:** Aussichtspunkt, Zuschauerterrasse. • 14 **fingir:** vortäu-
schen. • 15 **el despegue:** Abheben, Start. • **el aterrizaje:** Landung. •
16 **al cabo de:** nach (der Dauer von) (*el cabo:* Ende). • 19 **de prisa:**
schnell, eilig (*la prisa:* Eile). • **menos:** außer. • **apresurarse:** sich beeilen. • 23 **atestado/a de:** (gedrängt) voll von. • 25 **el fragor:** Getöse.

aterrizajes: «¿En un avión así llegará mi tío?» Diana
se sintió superior al desconocido: ella estaba allí para
recibir a su padre y un padre es más que un tío. Alguien dijo: «Ahora sí ya no tarda el vuelo de Chica-
5 go.» Eso la autorizó para sugerir que regresaran a la
salida internacional. Su madre hizo un comentario
que Diana aún le agradece: «Qué ansias. Hasta en eso
te pareces a Luis.»

Cuando al fin llegó la hora estaban en primera fila,
10 muy cerca de la puerta por donde iban saliendo los
viajeros. Con sus calificaciones en una mano y la rosa
en la otra, Diana los observó a todos, ansiosa de verse
retratada en alguno de ellos.

Esperaron hasta que salió el último pasajero. Hoy
15 Diana comprende y valora el esfuerzo que hizo su madre cuando se inclinó para abrazarla y devolverle el
optimismo: «No llores. No seas tontita. A lo mejor tu
papá prefirió dejar el viaje para el día de tu cumpleaños. Es en marzo. No falta mucho.» Después eligió
20 para el regreso de Luis otras fechas señaladas.

En cada una acudieron al aeropuerto para esperar
el vuelo de Chicago. Diana prescindió de sus calificaciones y de la rosa; su madre dejó de cuidar los deta-

---

2 **el desconocido / la desconocida:** Unbekannte(r), Fremde(r). • 4 **no
tardar:** nicht mehr lange auf sich warten lassen, bald eintreffen. • 5 **au-
torizar a alg. para** (+ inf.): jdm. erlauben, Gelegenheit geben zu. • **sugerir:** hier: vorschlagen. • 9 **en primera fila:** in der ersten Reihe. •
12 **ansioso/a de** (+ inf.): von dem Wunsch erfüllt zu. • 13 **retratar:** ab-
bilden. • 15 **valorar:** schätzen. • 16 **inclinarse:** sich neigen, hinabbeu-
gen. • **devolver:** zurückgeben. • 20 **señalado/a:** wichtig, bedeutsam. •
22 **prescindir de algo:** auf etwas verzichten. • 23 **cuidar algo:** sorgfältig
auf etwas achten.

lles que le daban un matiz de autenticidad a la ficción.
Después de mucho repetir la ceremonia, Diana descubrió la verdad que su madre se esforzó por ocultarle
durante años: su padre jamás regresaría. Sin embargo,
5 hay momentos en que el ansia de verlo es tan intensa
que acude al aeropuerto, compra una rosa y espera el
vuelo de Chicago.

México D. F. Domingo 4 de enero de 2004

1 **un matiz de:** ein Hauch von. · **la autenticidad:** Echtheit. · 3 **ocultar:**
verbergen, geheimhalten.

La cruz del norte

I

Al mes de que trajeron a Ezequiel de Nueva York vino a decirme Socorro: «Encontré un cuarto en Santa Clara. Mi hijo y yo nos iremos a vivir allá.»

La noticia me sorprendió y entristeció. La *Coco* y yo fuimos de las primeras en llegar a esta colonia, hace más de veinte años, y desde el principio nos hicimos muy amigas. Nuestros hijos crecieron juntos, fueron a las mismas escuelas, estuvieron en el mismo equipo de futbol y hasta formaron un grupo musical: Los Pikositos. Hace un año nos salieron con que querían irse a Nueva York. Socorro estuvo de acuerdo: «Es mejor que se vayan a donde pueden encontrar un trabajo y no seguir aquí de vagos, viendo malos ejemplos y pensando tonterías.»

Si *Memo* no logró hacer el viaje fue por culpa de su desidia. Nunca buscó los contactos y luego, cuando los encontró, le faltó el dinero. En vez de guardar lo po-

---

3 **al mes de que:** in dem Monat, nachdem. • 4f. **Santa Clara:** Name einer Siedlung am Rande von Mexiko-Stadt. • 6 **entristecer a alg.:** jdn. traurig machen. • **Coco:** Kurzform von *Socorro*. • 7 **la colonia** (Méx.): Siedlung, Stadtviertel. • 8 **desde el principio:** von Anfang an. • 12 **los Pikositos:** Der Name der Band ist hergeleitet von *picoso/a* (Méx.): sehr stark (mit Chili) gewürzt. • **nos salieron con que:** sie kamen uns damit / sagten uns, dass. • 17 **Memo:** Kurzform von *Guillermo*. • 18 **la desidia:** Trägheit.

quito que se ganaba ayudando en el mercado y en la refaccionaria iba a botárselo comprando tonterías. Ezequiel, en cambio, lo arregló todo y al fin le dijo a Socorro: «Jefa, me voy aunque sea solo.» *Memo* lo re-
5 sintió bastante y me dolió ver que mi hijo se quedaba atrás por su apatía. Ahora la bendigo: gracias a eso no le pasó lo que a Ezequiel.

II

Cuando Socorro me salió con que se iba a Santa Clara
10 le dije que al menos me diera su dirección para visitar-
la. Su respuesta me dejó muda: «Espero que no lo to-
mes a mal, pero por favor no me busques. Necesito estar sola, arreglar mis cuentas con la vida y con Dios.
Él sabe por qué hace las cosas; sin embargo, por más
15 que quiero evitarlo, todo el tiempo le estoy preguntando por qué le mandó un sufrimiento tan grande a
Ezequiel. Si fuera un malvado, un vicioso, lo acepta-
ría; pero no es así y tú lo sabes mejor que nadie porque lo conoces desde chiquito. Díme, ¿es justo lo que
20 le pasó? No. Si pensó en irse a Estados Unidos fue
porque aquí no pudo seguir estudiando y allá por lo

---

2 **la refaccionaria** (Méx.): Reparaturwerkstatt. • **botar** (Am.): wegwerfen; hier: sinnlos ausgeben. • 3 **en cambio:** hingegen. • **al fin:** schließlich. • 4 **el jefe / la jefa** (Méx., fam.): Vater/Mutter. • 4 f. **resentir algo:**
etwas bedauern. • 6 **bendecir algo:** etwas lobpreisen, über etwas äußerst zufrieden sein. • 11 f. **tomar algo a mal:** etwas übelnehmen. •
14 f. **por más que:** wie sehr (ich) auch. • 16 **el sufrimiento:** Leiden,
Qual. • 17 **el malvado:** übler Bursche. • **el vicioso:** lasterhafter
Mensch. • 19 **desde chiquito** (dim.): von klein auf (*chico/a:* klein, jung).

menos encontraría un trabajo. Fue iluso, fue soñador,
de acuerdo; pero eso no ameritaba que lo trataran como si fuera un asesino o un ladrón.»

5 El sábado vi el carro de la mudanza frente a la casa
de Socorro. Pensé en ir a ayudarla pero recordé lo que
me había dicho, decidí no meterme y esperar a que ella
fuera por lo menos a despedirse. No lo hizo. Hoy comprendo que en su situación yo habría hecho lo mismo.
10 En aquel momento pensé que Socorro era una mala
amiga y con todo el dolor de mi alma la di por perdida.

III

Ayer, como a las seis de la tarde, yo estaba cobrando
un vapor individual cuando sonó el teléfono. Al des-
colgarlo oí la voz de Socorro. Me quedé muda pero
15 luego a las dos se nos salieron las lágrimas de gusto y
nos pusimos a platicar como si no hubiéramos dejado
de vernos ocho meses. Se sorprendió de que siguiera
trabajando en los Baños Raziel y le alegró saber que
Memo está trabajando como ayudante de soldador.
20 «Cuando le ofrecieron esa chamba le hizo el feo. Lo

---

1 **iluso/a:** leichtgläubig, naiv. · **soñador/a:** träumerisch. · 2 **no ameritar
que** (Am.): nicht verdienen, dass; hier: kein Grund dafür sein, dass. ·
10 **dar por perdido/a a alg.:** jdn. für verloren erklären, halten. · 12 **como:** hier: ungefähr. · 12 f. **cobrar un vapor individual:** den Betrag für
eine Saunasitzung kassieren (*el vapor:* Dampf; hier: Sauna). · 15 **de
gusto:** vor Freude. · 16 **platicar** (Am., fam.): sich unterhalten, plaudern. · 19 **el ayudante de soldador:** Schweißergehilfe. · 20 **la chamba**
(Méx., fam.): Arbeits(stelle). · **hacerle el feo** (Méx., fam.): nicht wol-
len, ablehnend reagieren.

convencí de tomarla diciéndole que yo no voy a du-
rarle toda la vida y que ya es hora de aprender por lo
menos un oficio.»

Mientras hablaba de Guillermo sentí más y más ganas de preguntar por Ezequiel. No lo hice porque no
sabía cómo iba a tomarlo Socorro y mejor le pregunté:
«¿Cómo estás, qué es de tu vida?» La noté optimista
cuando me respondió: «Ya que no puedo salir hago
maquila de overoles en la casa. Los fines de semana
pongo una fritanguita en mi puerta y por lo menos
tengo para comida y renta. Me cambié a una casa. Es
un dedal pero tiene azotehuela, una ventaja muy grande porque Ezequiel puede sentarse a tomar el sol sin
que nadie lo moleste.»

Si *Coco* mencionaba a su hijo era buena señal. Así
que pregunté por la salud de Ezequiel: «Va muy bien.
Ya no le duele su cabeza y duerme un poquito más
tranquilo. Pero de lo que le doy gracias a Dios es que
ya dice *mamá* bien clarito. Ya lo verás el domingo que
me visites, si es que aceptas mi invitación: pienso hacer unos tamales.» Acepté con mucho gusto y le pregunté qué le gustaría que le llevara. «Una gelatina de
frutas», contestó y otra vez nos soltamos llorando.

Esa noche no dormí pensando en las vueltas que da

1 f. **durar a alg.:** bei jdm. bleiben, für jdn. da sein. • 4 f. **sentir ganas de:**
Verlangen nach etwas verspüren. • 6 **mejor** (Méx.): deshalb, so dass. •
8 **ya que:** da ja, weil. • 8 f. **hacer maquila** (Am.): im Akkord nähen. •
10 **la fritanguita** (Méx.): Friteuse. • 11 **la renta:** Miete. • 11 f. **es un dedal** (fig.): winzig (*el dedal:* Fingerhut). • 12 **la azotehuela** (Méx.): *la
azotea:* Dachterrasse. • 21 **el tamal** (Am.): Maispastete, -tasche. •
22 f. **la gelatina de frutas:** Fruchtgrütze. • 23 **soltarse llorando:** in Tränen ausbrechen. • 24 **las vueltas:** hier (fig.): Wechselfälle.

la vida. Recordé cuando Socorro y yo llevábamos a
Guillermo y Ezequiel al jardín que está atrás del mercado Juárez y nos poníamos a comparar sus gracias y
sus adelantos. Ni en sueños imaginábamos lo que su-
5 cedería después: mi hijo terminó como ayudante en
un taller de soldadura autógena. No me quejo, pudo
haberle sucedido lo que le ocurrió a Ezequiel en Nueva York: iba caminando rumbo al correo cuando unos
policías lo detuvieron para pedirle sus papeles. Como
10 no llevaba ninguno se le fueron encima y lo golpearon
tanto que el muchacho quedó mal de la cabeza.

Nunca sabremos cómo llegó a un hospital ni cuánto
tiempo estuvo allí. Por la fecha de la carta que no alcanzó a mandarle a su madre y le encontraron en el
15 bolsillo del pantalón, calculamos que fueron como
seis meses. Luego lo mandaron a un manicomio. Me
escalofría pensar que pudo quedarse allí para siempre. Se salvó gracias a que una de las monjitas se dio
cuenta de que Ezequiel no podía hablar pero no esta-
20 ba loco. Entonces pidió permiso para llevárselo a un
albergue que ellas tienen: El Refugio del Migrante.

Como en el sobre estaba escrita la dirección de Socorro lo mandaron para acá. Vino acompañándolo un
muchacho de Puebla. Nunca olvidaré su nombre ni
25 dejaré de bendecirlo: Joel Casillas. Gracias a él supi-

---

4 **el adelanto:** Fortschritt. • 6 **la soldadura autógena:** Autogenschwei-
ßen (Schweißen mit Stichflamme und ohne Bindematerial). • 8 **rumbo**
(m.) **a:** in Richtung. • 9 **detener a alg.:** hier: jdn. anhalten. • 10 **irle encima a alg.:** über jdn. herfallen. • 13f. **no alcanzó a:** er schaffte es nicht,
kam nicht dazu zu. • 16 **el manicomio:** Irrenanstalt. • 16f. **me escalofría:** es läuft mir heiß und kalt über den Rücken. • 21 **el albergue:**
Heim, Herberge.

mos algo de lo que le sucedió a Ezequiel. Lo demás
podemos imaginarlo gracias a la carta. Desde que la
leí sueño con que encuentro a los policías que ataca-
ron a Ezequiel y se las leo. Lo terrible de mi pesadilla
5 es que mientras lo hago esos hombres inmensos, uni-
formados, pálidos golpean a otro muchacho que tiene
la carita de Guillermo.

IV

Mi muy querida jefa: ¿Y usté qué dijo?: aquél ya no se
10 acuerda de mí. Pues ya ve que no es cierto, ni lo ande
pensando. Si no le había escrito no fue por falta de ganas sino de tiempo y de cosas buenas qué contarle. Pero ya conseguí chamba en una tiendita donde se vende
mole y tortillas.
15 Le juro que aunque quisiera no podría irme de parranda. Llego a la casa rendido, nomás con ganas de ti-
rarme en la cama. Si la encuentro ocupada me echo en
donde sea porque ya me anda de sueño. Nos renta mil
quinientos dólares. Por eso vivimos aquí diecinueve
20 gentes. Entre todos apenas logramos pagar ese dineral.

---

4 **leerselas a alg.:** jdm. gehörig Bescheid sagen. • 5 **inmenso/a:** riesig
(groß). • 9 **usté** (fam.): *usted*. • 10 f. **andar pensando:** (weiterhin) denken. • 11 f. **la gana:** Lust, Wunsch. • 14 **el mole** (Méx.): hier: Fleischgericht mit Chilisoße. • 15 f. **irse de parranda** (fam.): bummeln und fei-
ern gehen (*la parranda*, fam.: Straßenfest). • 16 **rendido/a:** erschöpft. •
nomás (Am.): nur (noch). • 16 f. **tirarse:** sich werfen, fallen lassen. •
18 **andarse de sueño** (Méx., fam.): vor Müdigkeit umfallen. • **rentar**
(Am.): (an) Miete kosten. • 20 **apenas:** hier: nur mit Mühe. • **el dineral:** ein Haufen Geld.

Me irá bien si usté no deja de encomendarme a todos sus santos. Un amigo que trabaja la flor con unos
coreanos me dijo que cuando vea que hay chance me
llevará a trabajar allá. Terminan a las siete. Con ese ho-
5 rario hasta podré aprender inglés.

Estoy juntando toda la feria que gano porque quiero
irme a verla para el día de su santo. Acuérdese de lo
que me prometió: que si volvía iba a hacerme una tamaliza para todos mis cuates. Por cierto, si ve al Gui-
10 llermo dígale que los de la *migra* no son tan *perros,* que
la cosa es tener maña para sacarles la vuelta, que no
tenga miedo.

Antes de que se me olvide quiero mandarle muchos
saludos a la *Nena.* Ella prometió hacerme gelatina
15 de frutas. Si viera que, aparte de usté, lo que más extraño es la comida. Por eso me gusta trabajar donde
trabajo, porque tan siquiera huelo las tortillitas y el
mole.

Tengo muchas cosas qué contarle y me imagino que
20 usté también. Me gustaría mucho recibir noticias suyas,

---

1 f. **encomendar a alg. (a un santo):** jdn. (einem Heiligen) im Gebet
anvertrauen, anempfehlen. • 2 **trabajar la flor:** im Blumengeschäft arbeiten. • 6 **juntar:** zusammenhalten, (auf)sparen. • **la feria** (Méx.):
Kleingeld, Trinkgeld. • 7 **el día de su santo:** Namens- oder/und Ge-
burtstag. • 8 f. **la tamaliza** (Méx.): lauter *tamales.* • 9 **el cuate** (Méx.):
Kumpel. • 10 **la migra** (Méx.): amerikanische Einwanderungsbehörde
sowie US-Grenzpatrouille, die die Grenze zu Mexiko überwacht
(engl.: Border Patrol). • **(los) perros:** hier (fig.): gemein, gefährlich. •
11 **la cosa es:** worauf es ankommt, ist. • **tener maña:** geschickt, pfiffig
sein. • **sacarle la vuelta a alg.** (fig.): jdm. ein Schnippchen schlagen. •
14 **el nene / la nena:** kleines Kind, kleiner Junge / kleines Mädchen;
hier (fam.): Kosename für eine erwachsene Person. • 15 f. **extrañar:**
vermissen. • 17 **tan siquiera:** wenigstens.

pero ponerle mi dirección es peligroso porque a veces
los de la *migra* lo encuentran a uno por las cartas.

Jefaza de mi vidaza, aquí le corto porque ya se me
acabó la hoja y no tengo otra. Nomás pongo la poderosa y voy al correo a echarle el sobre. Cuídese mucho.
Un besote de Ezequiel, o sea de su mero consentido.

México D. F. Domingo 7 de febrero de 1999

3 **jefaza de mi vidaza:** etwa: beste Mama der Welt. · **aquí le corto:** jetzt
mache ich Schluss, beende den Brief. · 4f. **poner la poderosa** (fam.):
unterschreiben. · 6 **de su mero consentido** (Méx.): Schlussformel zur
Versicherung seiner Zuneigung.

Los emigrantes

I

El gestor de Identificación esperó a que nos sentára-
mos frente a la videocasetera. Abrió el cajón del escritorio y nos mostró un cartucho. Antes de correrlo nos
repitió la explicación que le oímos al llegar a la oficina: «El recurso no es infalible. Hay muchos factores,
inclusive emocionales, que pueden alterar la percepción del espectador, llámese madre, hijo, concubina.»
Celia lo corrigió: «Esposa, casada por todas las leyes y
madre de cuatro hijos.»

El gestor sonrió, metió el cartucho en la videocasetera y agregó: «Comprendemos la angustia de quienes
ansían saber de sus familiares. Estamos en la mejor
disposición de contribuir al reencuentro pero no queremos despertar falsas expectativas. Por eso les supli-

---

3 **el gestor:** Beamter, Vermittler. • 4 **la videocasetera** (Am.): Videorekorder. • 4f. **el escritorio:** Schreibtisch. • 5 **el cartucho** (Am.): Video-
kassette. • **correr algo:** etwas einlegen, abspielen. • 7 **el recurso:** Vor-
gehen. • **infalible:** unfehlbar. • 8 **alterar:** ändern, beeinflussen. • 8f. **la
percepción:** Wahrnehmung. • 9 **llámese:** sei es … oder. • 13 **agregar:**
hinzufügen. • 14 **ansiar** (+ inf.): sich danach sehnen, sehnlich wün-
schen zu. • **el/la familiar:** Familienangehörige(r), Verwandte(r). •
14f. **estar en la mejor disposición de** (+ inf.): bestens dafür ausgerüstet
sein zu. • 15 **contribuir:** beitragen. • **el reencuentro:** Treffen, Rück-
führung. • 16 **la expectativa:** Erwartung. • 16f. **suplicar:** inständig bitten, anflehen.

co que vean con mucho cuidado la cinta.» Se aproximó
a mi amiga: «Me dice cuando quiera que la detenga.»

En la pantalla aparecieron un jardín, una iglesia y
una callecita empinada. El gestor intuyó nuestras dudas: «Son tomas para precisar la ubicación de la casa.»

«¿De Severiano?», preguntó Celia, asombrada. El
hombre soltó una risita de suficiencia: «No. Es el sitio
de los que necesitan ayuda, pero entre ellos podría estar su marido.»

Enseguida vimos una oficina con tres escritorios
frente a los que desfilaban niños y hombres mal vesti-
dos, algunos con bolsas de plástico o bultos bajo el
brazo. Tomé la mano de Celia: «¿Estás segura de que
quieres ver esto?» Sin contestarme, ladeó la cabeza,
procurando entender lo que decían los hombres que
se presentaban ante las secretarías. El gestor intervino
de nuevo: «Aquí el sonido está muy sucio, pero en las
tomas del patio se escucha bien.»

Le murmuré a Celia: «¿Crees que todavía puedas
reconocer la voz de Severiano? Piensa que ha pasado
mucho tiempo.»

«Toda una vida: veinte años de esperar, de ilusionar-
me, de matarme para darles a mis hijos lo que iban ne-

---

1 **aproximarse a alg.:** sich jdm. nähern, zuwenden. • 2 **detener a algo:**
etwas anhalten. • 3 **aparecer:** auftauchen, erscheinen. • 4 **empinado/a:**
steil. • **intuir:** ahnen. • 5 **la toma:** Aufnahme. • **la ubicación:** Lage,
Standort. • 6 **asombrado/a:** erstaunt. • 7 **soltar:** hier: zeigen. • **la risita
de suficiencia:** Anflug eines selbstgefälligen Lächelns. • 11 **desfilar:**
einzeln vorbeigehen. • 12 **la bolsa:** Beutel, Tasche. • **el bulto:** Bündel. • 14 **ladear:** zur Seite neigen. • 15 **procurar hacer algo:** versuchen
etwas zu tun. • 16 **intervenir:** sich einschalten. • 17 **sucio/a:** hier: un-
klar, gestört. • 19 **murmurar:** murmeln. • 22f. **ilusionarse:** sich etwas
vormachen.

cesitando: comida, escuela, medicinas. Lástima que no
haya podido darles lo que realmente les hacía falta: un
padre.» Agachó la cabeza y se soltó llorando. El gestor
suspendió de nuevo la proyección y se disculpó: «Será
5 mejor que me retire un momento. Compermiso.»

Cuando nos quedamos solas, Celia adivinó lo que
iba a decirle y me suplicó que no lo hiciera: «Deja que
llore, que me desahogue como no he querido hacerlo
delante de mis hijos. Los pobres …» La interrumpí:
10 «¿Les dijiste que venías?» Negó con la cabeza y se
concentró en el televisor, donde estaba congelada la
imagen de una secretaria escuchando a un hombre del
que sólo podíamos ver la espalda huesuda y los hombros caídos.

15 Vi a Celia retorcerse las manos. La conozco y sé lo
que ese gesto significa. Le pregunté: «¿Tienes miedo?»

«No. Estoy imaginándome lo que ese hombre le habrá dicho a la secretaria mientras lo grababan. A lo
mejor su historia es parecida a la de Severiano.

20   II

«Salí de mi tierra hace más de veinte años. Luis, mi hijo mayor, acababa de cumplir cinco, Enrique tenía
tres y los gemelos uno. Los vi crecer en las fotos que

---

3 **agachar:** senken. · **soltarse llorando:** in Tränen ausbrechen. · 4 **suspender:** unterbrechen, stoppen. · 5 **retirarse:** sich zurückziehen. ·
compermiso: *con (su) permiso:* Sie gestatten, mit Verlaub. · 6 **adivinar:** ahnen. · 8 **desahogarse:** sich Luft machen. · 11 **congelar:** ein-
frieren; hier (fig.): anhalten. · 13 **huesudo/a:** knochig. · 15 **retorcer:**
verdrehen. · 18f. **a lo mejor:** womöglich.

me mandaba su madre. Me enorgullecí de sus avances
en la escuela por las cartas que me escribían. Les con-
testé pocas veces porque primero mi mala letra me
avergonzaba y luego por el cansancio, por andar a salto de mata y escondiéndome en cualquier parte donde
no había ni un rinconcito donde ponerme a escribir
sin que me vieran.

«Uno de chico está muy ocupado en crecer y no se
fija en las cosas. La que me sigue preocupando es mi
mujer. Ojalá que haya entendido que si no le hablaba
más por teléfono era porque se me hacía durísimo
oírla sin poder tocarla. Cuando sentí que esa imposibilidad me estaba volviendo loco suspendí las llamadas, pero antes se lo advertí y nomás le dije: ‹Espéra-
me. Sea como sea, volveré.› Ahí fue donde me equivoqué. Tanto vacío me hizo buscar a otras mujeres,
pero nunca dejé de pensar en la mía. Me pasé el tiempo soñando en volver con ella. Demoraba el regreso
cuando me iba bien, siempre con la esperanza de encontrar más trabajo y poder cumplirle su sueño: una
casa de a deveras, con vidrios y todo. Luego, cuando
empezó a irme mal, la vergüenza de que me viera de-

---

1 **enorgullecerse de algo:** stolz auf etwas sein. • **el avance:** Fortschritt. • 3 **la letra:** hier: Schrift. • 4 **avergonzar a alg.:** jdn. beschä-
men, erröten lassen. • **el cansancio:** Müdigkeit. • 4f. **andar a salto de
mata** (fam.): sich auf der Flucht befinden. • 6 **el rinconcito** (dim.): *el
rincón:* Winkel, Ecke. • 8 **de chico:** als Kind. • 12f. **la imposibilidad:**
Unmöglichkeit. • 14 **advertir a alg.:** jdn. auf etwas aufmerksam machen, jdm. etwas mitteilen. • **nomás** (Am.): nur. • 16 **el vacío:** Leere. • 18 **demorar:** verschieben. • 21 **de a deveras** (Méx., fam.): echt,
richtig. • **el vidrio:** hier: Fensterscheibe. • 22f. **derrotado/a:** geschei-
tert.

rrotado me hizo aguantarme las ganas de estar con
ella. Las cosas no pueden seguir así. Me urge que me
ayuden para que pueda regresar a mi tierra, a mi casa.
Ya que la miseria me quitó de vivir con mi familia, al
5 menos que no me impida morirme junto a ella. Es lo
menos a lo que tiene derecho un hombre pobre, ¿no
le parece?»

III

Se abrió la puerta, reapareció el gestor y se dirigió a
10 Celia: «¿Quiere seguir viendo o prefiere …?» Ella respondió: «Seguimos. Quiero acabar con esto. Es mejor
saber, ya sea una cosa o la otra: si alguno es Severiano
o si no.»
   La secuencia del hombre que le entregaba el docu-
15 mento a la secretaria duró unos segundos. Después
apareció un jardín pequeño y ralo. Vimos a dos niños
apoyados contra la pared que se ocultaban bajo las vi-
seras de sus cachuchas. Me llevé las manos al pecho.
«¿Qué edades tienen?», preguntó Celia. El gestor se le
20 acercó: «Once, doce años. Aquí hay varios de su edad.
Sus padres los mandan porque creen que para ellos se-

---

1 **aguantar(se) algo:** etwas ertragen, aushalten. · **la(s) gana(s):** Wunsch,
Verlangen. · 2 **me urge que** (+ subj.): ich habe es dringend nötig, dass
(*urgir:* dringend benötigen). · 4 **ya que:** da (ja). · **quitar a alg. de hacer algo:** jdn. davon abhalten / daran hindern etwas zu tun. · 5 f. **lo menos:** das mindeste. · 12 **ya sea … o:** sei es nun … oder. · 14 **la secuencia:** Filmabschnitt, Szene. · 16 **ralo/a:** spärlich (bewachsen). · 17 **ocul-
tarse:** sich verbergen. · 17 f. **la visera:** Mützenschirm. · 18 **la cachucha:**
(Schirm-)Mütze.

rá más fácil pasarse a Estados Unidos y se portará menos dura la *migra*, en caso de que los pesque.»

«Lo que habrán sufrido: hambre, frío, miedo …» Mi comentario reanimó al gestor: «Todo eso y más; sin embargo, no quieren que los regresemos a sus casas: temen que sus gentes sepan que fracasaron después de que la familia se sacrificó vendiendo lo poquito que tenía para comprarles el pasaje y pagarles a los polleros.»

En la pantalla surgieron los adultos instalados en la Casa del Emigrante. Algunos dormitaban tapándose los ojos con el brazo, otros leían y el periódico o la revista dificultaban mirarles las facciones. Celia protestó: «No se les ve la cara. Así ¿cómo voy a decir cuál es mi esposo?» El gestor se mostró extrañado: «Se supone que una mujer es capaz de identificar al padre de sus hijos …» Mi amiga se estrujó los dedos: «Entienda: viví con Severiano cinco años. Llevo veinte sin verlo, no será fácil …» El funcionario se suavizó: «Por eso le pido mucha atención. Ahora vamos a ver el área de enfermos.»

Antes de que el gestor terminara de hablar vimos

---

1 **pasarse** (Méx.): über die Grenze gehen. • 2 **la migra** (Méx.): amerikanische Einwanderungsbehörde sowie US-Grenzpatrouille, die die Grenze zu Mexiko überwacht (engl.: Border Patrol). • **pescar:** hier (fig.): schnappen, erwischen. • 4 **reanimar a alg.** (fig.): jdn. wieder auf den Plan rufen. • 5 **regresar a alg.** (Am.): jdn. zurückbringen. • 7 **sacrificarse:** sich aufopfern. • 9 **el pollero** (Méx.): Menschenschmuggler. • 11 **dormitar:** dösen. • **tapar:** bedecken. • 13 **dificultaban:** machten es schwierig. • **las facciones:** Gesichtszüge. • 15 **extrañado/a:** erstaunt. • 17 **estrujar:** zusammenpressen. • 18f. **llevo veinte sin verlo:** ich habe ihn schon seit 20 Jahren nicht mehr gesehen. • 19 **suavizarse:** sanfter werden. • 21 **el área** (f.): Zone, Raum.

un cuarto con literas vacías. Sus ocupantes estaban
sentados en sillas alineadas contra la pared. «¿Qué
tienen?», preguntó Celia temblando. Mientras la cá-
mara tomaba las facciones desgastadas y tristísimas, el
5 gestor respondió: «De todo: cáncer, sida, tuberculosis,
diabetes, problemas cardiacos.» Mi amiga levantó el
brazo: «¿Puede retrocederla tantito?» Vimos nueva-
mente ojos mustios, bocas desdentadas, pies descal-
zos. Como Celia volvió a estrujarse los dedos, le pre-
10 gunté si alguno de los hombres era Severiano. Sin responderme preguntó: «¿Los están curando?» El gestor
suspiró: «A ellos ya no. Su condición es difícil, terminal. Quieren una última ayuda. Usted los oirá.»

Con muy breves intermedios de silencio escucha-
15 mos los testimonios de hombres que concentraban en
pocas palabras su historia de fracasos y persecuciones.
Al final todos decían lo mismo: «Mándenme dinero.
Me urge volver.» Me removí en la silla. El gestor lo
atribuyó a cansancio: «Estamos terminando. Falta
20 uno.» Se refería a un hombre de nariz aguileña. Sus
cejas abrigaban una mirada tan mortecina como su
voz: «No sé cómo pasó. No recuerdo nada y siento

---

1 **el cuarto:** Raum. · **la litera:** Etagenbett, Schlafstätte. · **el/la ocupan-
te:** Insasse/Insassin, Bewohner(in). · 2 **alinear:** aneinanderreihen. ·
4 **desgastado/a:** eingefallen. · 6 **cardiaco/a:** Herz... · 7 **retroceder algo:** etwas zurückfahren, -spulen. · **tantito** (Méx., fam.): ein bisschen. ·
8 **mustio/a:** traurig, düster. · **desdentado/a:** zahnlos. · 12 **suspirar:**
seufzen. · **la condición:** hier: Zustand, Verfassung. · 12 f. **terminal:**
End... (*la condición terminal:* Endstadium). · 14 **el intermedio:** Pau-
se. · 15 **el testimonio:** Zeugnis. · 17 **al final:** am Ende. · 18 **remover-
se:** hin und her rutschen. · 19 **atribuir algo a algo:** etwas auf eine Sache
schieben, etwas einer Sache zurechnen. · 20 **la nariz aguileña:** Adler-
nase. · 21 **abrigar:** bedecken. · **mortecino/a:** kraftlos, halbtot.

mucha vergüenza. Ya sólo me quedan fuerzas para pedirte perdón.» El gestor encendió la luz: «Es todo. Señora, ¿desea que vuelva a ponerle el video?» Vi a Celia retorcerse los dedos y sonreír: «Gracias. No es necesario.» Salió y me fui tras ella. Iba muy de prisa y me costó alcanzarla. Vi que reía y lloraba al mismo tiempo. Tuve una sospecha: «¿Lo reconociste? Estaba allí, ¿verdad?» Afirmó con la cabeza. «¿Por qué no lo dijiste?» El llanto la sacudía: «No tengo dinero para traerlo y de todas formas morirá.»

Celia se refugió entre mis brazos. Le pedí que me dijera en cuál de todos los hombres había reconocido a Severiano. «No importa. Puede ser cualquiera: todos vivieron igual y todos morirán igual.»

México D. F. Domingo 10 de febrero de 2002

---

5 **de prisa:** schnell, eilig (*la prisa:* Eile). • 6 **alcanzar a alg.:** jdn. einholen; hier: mit jdm. Schritt halten. • 9 **el llanto:** Jammern, Weinen; hier: Weinkrampf. • **sacudir:** schütteln. • 11 **refugiarse:** sich flüchten.

La otra frontera

El hombre lleva el mismo traje café, la camisa amarilla a cuadros y la corbata guinda con que se presentó
en el Auditorio Raz-Ha para hablar de la emigración
5 y la pérdida constante que significa para el país.

Al reconocerlo Adelaida recuerda la manera en que
el hombre concluyó: «Por desgracia, nuestros conna-
cionales, si logran insertarse en la economía estaduni-
dense, no regresan a México. ¿Y saben quiénes pre-
10 sentan más resistencia al retorno? Las mujeres. Las
que salen del campo se acostumbran a la vida urbana y
sus comodidades.»

Entre el público se escucharon protestas aisladas.
Adelaida esperó que alguna de sus compañeras pro-
15 testara contra lo que parecía una acusación. Nadie lo
hizo y ella no se sintió capaz de contar su experien-
cia.

El sábado anterior había tenido una conversación
telefónica con su madre: *¿Si me oye, mamá? Le decía*
20 *que cómo ve que me regrese para allá. Hace rato lo es-*

---

2 **(de color) café:** kaffeebraun. · 3 **a cuadros:** kariert. · **(de color)
guinda:** kirschfarben (*la guinda:* Sauerkirsche). · 4 **el Auditorio Raz-
Ha:** Name eines Vortragsraums bzw. Hörsaals, hier: Anagramm des
Wortes «raza». · 5 **la pérdida:** Verlust. · 7 **concluir (algo de algo):** etwas aus einer Sache schließen, schlussfolgern. · **por desgracia:** leider. · 7 f. **el/la connacional:** Landsmann/-männin. · 8 **insertarse:** sich
einbringen. · 10 **el retorno:** Rückkehr. · 12 **la comodidad:** Annehm-
lichkeit. · 15 **la acusación:** Anklage.

*toy pensando, pero necesito saber qué dicen ustedes.
No quiero contrariarlos.* La respuesta fue apenas un
balbuceo: *Pos déjame preguntarle a tu papá, ya sabes
cómo es. Tiene sus pensamientos.* Adelaida no insistió,
sólo quiso saber si ya habían recibido los dólares. Su
madre le respondió con un *sí* escueto y le hizo una se-
rie de recomendaciones, pero no le preguntó cuándo
volvería a llamar.

Adelaida se pasó la noche recordando las tardes en
que ella y su madre caminaban hasta la caseta de
Ocotal para esperar el llamado de Margarito. «*Hijo
de mi vida, qué gusto oírte*», gritaba su madre sin importarle que los desconocidos la escucharan. Aunque
le hacía prometer que la conversación iba a ser corta,
era ella quien la alargaba para ponerlo al tanto tanto
de las novedades del pueblo y suplicarle que regresara.

Raras veces su madre aceptaba cederle a Adelaida
el teléfono para que también pudiera conversar con su
hermano. La comunicación se hacía más breve por las
interrupciones de su madre: *Ya cuelga. ¿No ves que
Margarito está gastando en dólares?* Al final los hermanos se decían lo mismo. *Avísanos cuándo piensas*

---

2 **contrariar:** entgegenhandeln. • 3 **el balbuceo:** Stottern. • **pos** (fam.):
pues. • 6 **escueto/a:** kurz, knapp. • 10 **la caseta (telefónica)** (Méx.):
Telefonzelle. • 11 **Ocotal:** vermutlich ist hier ein Naherholungsgebiet
am Rande von Mexiko-Stadt gemeint. • 13 **el desconocido / la desconocida:** Unbekannte(r), Fremde(r). • 15 **alargar:** in die Länge ziehen. • **ponerle a alg. al tanto de algo:** jdn. über etwas unterrichten, von
etwas in Kenntnis setzen. • 16 **suplicar a alg. que** (+ subj.): jdn. anflehen zu/dass. • 18 **ceder algo a alg.:** jdm. etwas überlassen, abtreten. •
22 **al final:** am Ende.

venir para que te hagamos una barbacoa … Mejor ven
a visitarme y me la tráis.

De esas conversaciones le nació a Adelaida la idea
de alcanzar a su hermano en San Ysidro. Su padre la
5 reprendió cuando le comunicó su proyecto: *Tuve sólo*
un hijo varón y ocho hembras. Todas se me murieron,
menos tú. Dios lo quiso así para que tu madre y yo tu-
viéramos quien nos cierre los ojos cuando muramos.

A solas con su madre, Adelaida le hacía ver las ven-
10 tajas de irse también al norte. En vez de contagiarle su
entusiasmo, recrudecía su angustia por la ausencia de
Margarito: *No duermo de pensarlo allá solo, con mie-*
do de los policías y trabajando quién sabe cuántas ho-
ras para mandarnos dinero.

15 La familia sufrió con cada crisis del país, los envíos
de Margarito se hicieron cada vez más raquíticos e
irregulares, sus llamadas esporádicas. Imposible co-
municarle que su padre no lograba reponerse de una
caída y había abandonado su trabajo de jornalero en
20 un campo vecino. Los cuarenta pesos diarios que recibía faltaron en la casa. Adelaida y su madre se aposta-
ron en la orilla de la carretera a fin de ofrecerle tunas

---

1 **la barbacoa:** Grillfest; Grillfleisch. · 2 **tráis:** *traes.* · 4 **alcanzar a alg.:**
hier: mit jdm. zusammentreffen. · **San Ysidro:** südlicher Stadtteil von
San Diego (Kalifornien) an der Grenze zu Mexiko. · 5 **reprender:** ta-
deln. · 9 **a solas con su madre:** allein mit ihrer Mutter. · 10 **contagiar**
algo a alg.: hier (fig.): jdn. mit etwas anstecken. · 11 **recrudecer:** verschlimmern. · **la ausencia:** Abwesenheit, Fehlen. · 15 **el envío:** (Geld-)
Sendung. · 16 **raquítico/a** (fam.): mickrig, gering. · 17 **irregular:** unre-
gelmäßig. · 18 **reponerse:** sich erholen. · 19 **el jornalero / la jornalera:**
Tagelöhner(in). · 21 f. **apostarse:** sich postieren, hinstellen. · 22 **a fin**
de: um … zu. · **ofrecer:** hier: feilbieten. · **la tuna:** Kaktusfeige.

y aguamiel a los escasos viajeros. Las ganancias eran
mínimas.

A los dieciocho años Adelaida se sintió asfixiada
entre la vigilancia de su padre y la pasión de su madre
por Margarito. La mujer se pasaba las horas mirando
hacia el camino por donde esperaba que apareciera
Nicolás para avisarle que en un hora tendría comunicación con su hijo. La tarde en que al fin recibió la
buena noticia y le pidió a Adelaida que la acompaña-
ra hasta la caseta, la muchacha llevaba en mente una
decisión. *Me voy para allá contigo.*

Adelaida venció la resistencia de su padre. Le ex-
puso la condición de miseria a que habían llegado y
prometió que volvería junto a ellos en el momento en
que la necesitaran. Para convencer a su madre le bastó con decir: *Margarito está solo. Déjeme irme para
hacerle casa, para que al menos tenga quien le cocine
un arroz.*

Una vecina que tenía a toda su familia en el norte
conectó a Adelaida con un pollero. La muchacha pa-
gó el arreglo con la venta de los pocos animales que
les quedaban. Un domingo inició el viaje. Fue la prueba más difícil de su vida: miedo, sed, hambre, fatiga,

1 **el aguamiel** (Méx.): Saft des Magueybaumes vor der Gärung. • **la
ganancia:** Verdienst, Gewinn. • 3 **asfixiarse:** ersticken. • 6 **aparecer:**
auftauchen, erscheinen. • 8 **al fin:** schließlich, endlich. • 10 **llevar en
mente:** im Sinn haben. • 12 f. **exponer algo a alg.:** jdm. etwas darlegen. • 15 f. **le bastó con decir:** es reichte, ihr zu sagen. • 17 **hacerle
casa a alg.:** jdm. den Haushalt führen. • 20 **el pollero** (Méx.): Menschenschmuggler. • 21 **el arreglo:** Vereinbarung; hier: vereinbarte
Summe. • 22 f. **la prueba:** Prüfung, Kraftprobe. • 23 **la fatiga:** Müdigkeit.

angustia, malos tratos, desvelo. Adelaida cruzó el desierto y aguantó porque iba a cumplir su sueño: reunirse con su hermano.

Margarito ya era otro. Le costó trabajo distinguirlo
5 entre el grupo de indocumentados que ocupaban un galerón. Por todas partes se veían atados de ropa, cajas, latas de cerveza, niños, hombres y mujeres durmiendo sobre cobijas que traslucían su miseria.

Adelaida se esforzó para que el hacinamiento y el
10 caos no la desmoralizaran. Se mantuvo optimista: *Ya verás que juntos sí la hacemos*, se repitió mientras le describía los horrores que la llevaron a emigrar. Margarito respondió con sonrisas, pero cuando las cervezas le hicieron efecto acabó sincerándose: *Estoy can-*
15 *sado. Aquí la cosa es muy difícil. Andas todo el tiempo en chinga para ganarte diez dólares. Ya verás lo que es vivir perseguido.* Adelaida le reprochó que, la última vez que hablaron, no le hubiera dicho cuál era la situación. Él fingió tomarlo a broma: *Porque necesitaba*
20 *quien me lavara mi ropa. Esas cosas se extrañan. Allá …*

---

1 **los malos tratos:** Misshandlungen. • **el desvelo:** Schlaflosigkeit. • **cruzar:** hier: durchqueren. • 2 **aguantar:** ertragen, aushalten; hier: durchhalten. • 5 **el indocumentado** (Méx.): illegaler Einwanderer in die USA (*estar indocumentado/a:* keine Ausweispapiere besitzen). • 6 **el galerón** (Am.): Schuppen. • **el atado:** Bündel. • 8 **la cobija** (Am.): Wolldecke. • **que traslucían su miseria:** die ihre miserable Lage unterstrichen (*traslucir:* durchscheinen lassen). • 9 **el hacinamiento:** Gedränge, Eingepferchtsein. • 11 **hacerla** (Méx., fam.): durchkommen. • 14 **sincerarse:** sich rechtfertigen, aussprechen. • 15f. **andar en chinga** (Méx., fam.): erniedrigende Arbeit erledigen. • 17 **reprochar a alg. que** (+ subj.): jdm. vorwerfen, dass. • 19 **fingir** (+ inf.): so tun als ob. • **tomar algo a broma:** etwas nicht ernst nehmen. • 20 **extrañar:** vermissen.

Adelaida no le permitió seguir. Tuvo miedo de que su hermano se declarara vencido y dispuesto a volver al pueblo ahora que ella estaba decidida a vencer todos los obstáculos. Le pidió informes, lo urgió a que la presentara con quienes pudieran darle trabajo.

Adelaida se empleó como sirvienta. Por la noche calculaba lo ganado durante el día a cambio de hacer el aseo, cocinar y atender a los *beibis* de la familia Morris. Al principio rechazó los días libres por miedo de que alguien la descubriera. Cuando al fin aceptó una tarde de descanso, su hermano la llevó a conocer el centro comercial. Allí no pudo resistir la tentación y pidió a Margarito que llamaran a Ocotal. El aceptó indiferente.

Pensaron en el tiempo que su madre tardaría en llegar a la caseta telefónica. Durante la espera Adelaida recordó las tardes en que iban juntas, caminando entre nubes de polvo, para hablar con Margarito. Imaginarla haciendo el mismo recorrido sólo le partió el alma y se puso a llorar. Cuando al fin logró la comunicación habló de su nostalgia. Su madre le respondió: *Tú quisiste irte. Ahora, ¿qué te quejas?* Adelaida le pidió perdón, le reiteró su amor y prometió enviarle la pri-

---

2 **(estar) dispuesto/a a** (+ inf.): bereit (sein) zu. • 4 **el obstáculo:** Hindernis. • **urgir a alg. a que** (+ subj.): jdn. bedrängen / dringend bitten, dass. • 6 **emplearse como:** eine Stelle annehmen als. • **la sirvienta:** Dienstmädchen, Haus-. • 7 **a cambio de:** hier: dafür, dass sie … • 7f. **hacer el aseo:** putzen. • 8 **atender a alg.:** jdn. betreuen. • 12 **la tentación:** Versuchung. • 15 **tardar en** (+ inf.): (Zeit) brauchen, um zu. • 19 **el recorrido:** (Weg-)Strecke. • 19f. **partirle a alg. el alma** (fig.): jdm. das Herz brechen. • 21 **la nostalgia:** Sehnsucht; hier: Heimweh. • 23 **reiterar algo:** etwas wiederholen, erneut zum Ausdruck bringen.

mera remesa de dólares. Cuando llegó el turno de
Margarito, Adelaida lo oyó confesarle a su madre su
desmoralización y su fatiga. Inútilmente se lo reprochó con la mirada. Su desconcierto fue mayor cuando
5 lo escuchó decir: *Estoy pensando regresar con ustedes.*
¿Qué dice? Ahora que mi hermana los dejó, considero
que me necesitan mucho. Dos semanas después, con el
segundo sueldo de Adelaida, los hermanos compraron
un boleto en la terminal de autobuses y se despidie-
10 ron.

Han pasado cuatro años. Ella cada mes envía sus
dólares y llama a Ocotal. Los informes acerca de la familia son preocupantes: *Tu padre no se repone, al con-*
trario. Margarito, como no halla trabajo, ya está pen-
15 *sando en regresarse a los Estados Unidos. Le digo que*
no me salga con esas cosas porque su padre y yo lo ne-
cesitamos aquí.

El día que Adelaida, llevada por los celos, se atre-
vió a preguntar si ella no les hacía falta, escuchó una
20 respuesta demoledora: «*Pues sí. Por mí qué bueno que*
te regresaras; pero tu papá dice que ya no será lo mis-
mo, que tú ya anduviste sola por allá y que quién sa-
be ... Quédate en San Ysidro un tiempo, mientras a tu
padre se le pasa el disgusto; además, la verdad, nos ur-
25 *gen mucho los dólares.*»

---

1 **la remesa:** (Geld-)Sendung. • 3 **la desmoralización:** Mutlosigkeit. •
4 **el desconcierto:** Bestürzung. • 9 **el boleto** (Am.): Fahrkarte. • **la ter-**
minal de autobuses: Busbahnhof. • 12 **acerca de:** bezüglich, über. •
13 **preocupante:** Besorgnis erregend. • 15f. **que no me salga con esas**
cosas: dass er mir nicht mit so etwas kommen soll. • 18 **los celos** (pl.!):
Eifersucht. • 20 **demoledor/a:** niederschmetternd. • 23 **mientras**
(Méx.): bis (dass). • 24f. **nos urgen mucho:** wir brauchen dringend.

Por eso, aquella tarde en el Auditorio Raz-Ha, Adelaida tuvo el impulso de relatarle su historia al conferencista. Es idéntica a la de muchas mujeres que no logran pasar la otra frontera.

5   México D. F. Domingo 25 de febrero de 2001

---

2 **el impulso:** Drang, Veranlassung. · 3 **el/la conferencista** (Am.): Redner(in).

Pizza mexicana

I

Sandra avanza por el pasillo móvil y siente que en su pecho se aceleran los latidos. La asusta la idea de que
5 algo malo pueda impedirle cumplir su sueño. Se quita el abrigo forrado de peluche. Aliviada, se convence de que su malestar es sólo una mezcla de emociones: nostalgia por el departamento que, apenas esa mañana, dejó en un suburbio de San Diego, y ansia de volver a
10 su casa *mexicana*.

De La perspectiva de que pronto verá a su familia le da fuerzas para luchar contra la pesadez y el mareo que la agobian después del vuelo. Se pregunta si los otros viajeros sentirán la misma fobia por los aviones. Interrumpe
15 pe su reflexión la voz de un hombre con acento norteño: «Está bien oscuro y apenas son siete y media.»

Sandra piensa en Mercedes, su compañera de cuarto en San Diego. La imagina leyendo una revista mien-

---

3 **el pasillo móvil:** Förderband. • 4 **el latido:** (Herz-)Schlag. • 6 **forrado/a de peluche** (m.): mit Plüsch gefüttert. • **aliviado/a:** erleichtert. • 7 **la mezcla:** Mischung. • 7 f. **la nostalgia:** Sehnsucht; hier: Heimweh. • 8 **el departamento:** hier: Zimmer, Wohnung. • **apenas:** hier: erst. • 9 **San Diego:** kalifornische Großstadt nahe der Grenze zu Mexiko. • **el ansia** (f.) **de** (+ inf.): der dringende Wunsch zu. • 12 **la pesadez:** Schwere, Taubheit in den Gliedern. • 13 **agobiar a alg.:** jdm. zu schaffen machen. • 14 **la fobia:** (heftige) Abneigung. • 15 f. **norteño/a:** nordisch, aus dem Norden. • 17 f. **la compañera de cuarto** (m.): Zimmergenossin.

tras devora una pizza mexicana. Reconoce que a ella
también han llegado a gustarle. Eso le recuerda que su
hermana Aurelia prometió cocinarle sus platillos favo-
ritos mientras dure su estancia en la ciudad de México.
«Welcome, Bienvenido, Bienvenu.»

II

Tras media hora ante la banda de equipajes, Sandra
logra recuperar su maleta de lona verde y las tres cajas unidas con cinta canela. Al verlas repasa mentalmente el inventario de regalos: una batidora de doce
velocidades, un cuchillo eléctrico, dos bolsas de piel
sintética, un ventilador inalámbrico, una Barbie espacial, una cortina de baño con peces realzados y la faja
que le encargó Aurelia a condición de que le permi-
tiera pagársela.

Sandra imagina que en algún momento, antes o
después de la cena, discutirá con Aurelia para que no
insista en reembolsarle el precio de la faja: «¿Cómo
piensas que voy a cobrártela? ¡Somos hermanas!»
Después repartirá los otros regalos y al final dirá: «Me
hubiera gustado traerles más cosas, pero ...»

---

1 **devorar:** verschlingen. · 7 **la banda de equipajes:** Gepäckband. ·
8 **recuperar:** wieder an sich nehmen, wiedererlangen. · **la lona:** Sackleinen. · 9 **canelo/a:** zimtfarben. · 9f. **repasar mentalmente:** im Geiste
nochmals durchgehen. · 12 **inalámbrico/a:** drahtlos, ferngesteuert. ·
12f. **espacial:** geräumig; hier: groß. · 13 **la cortina de baño:** Duschvor-
hang. · **realzado/a:** aufgesetzt, erhaben. · **la faja:** Mieder, Korsett. ·
18 **reembolsar:** erstatten, zurückzahlen. · 20 **repartir:** verteilen. · **al final:** am Ende.

El individuo que va detrás en la fila bosteza con tal
vigor que Sandra se vuelve a mirarlo. Es el joven de
acento norteño. También la reconoce y le habla con
familiaridad: «Me pegó duro el sueñito.» Sandra le-
5 vanta los hombros, para darle a entender que lo comprende, y enseguida mira hacia delante. Ve al empleado de la aduana discutir con un viejito. El norteño
suelta una carcajada: «Hay cada gente. Si saben que
no pueden pasar chorizos, ¿para qué los cargan? En
10 México hay de todo y más sabroso.»

Sandra considera la posibilidad de que le salga luz
roja en el semáforo de la aduana y tenga que abrir su
equipaje. De todo lo que lleva, sólo le molestaría que
el norteño viera la faja de Aurelia. «Creerá que es pa-
15 ra mí y ni modo de ponerme a explicarle que la gordi-
ta es mi hermana.» Se recrimina semejante pensa-
miento cuando debería estar disfrutando por anticipado el reencuentro con su ciudad, su barrio, su casa, su
familia.

20 Hace catorce años, cuando salió a Tijuana, la flota
entera vino a despedirla al aeropuerto. El escándalo
que armaron fue mayúsculo: Aurelia lloró, su cuñado

---

1 **la fila:** (Menschen-)Schlange. • **bostezar:** gähnen. • 1 f. **con tal vigor:**
derart kräftig (*el vigor:* Kraft, Stärke). • 4 **la familiaridad:** Vertraut-
heit. • **Me pegó duro el sueñito.** (Méx., fam.): Fast wäre ich einge-
schlafen. • 8 **soltar una carcajada:** in schallendes Gelächter ausbrechen. • **cada gente:** alle möglichen Leute. • 15 **ni modo de** (+ inf.)
(Am.): keine Chance, unmöglich zu. • 16 **recriminarse algo:** sich etwas
vorwerfen. • **semejante:** derartig. • 17 f. **por anticipado:** im voraus. •
18 **el reencuentro:** Wiedersehen. • 20 **Tijuana:** Stadt im mexikanischen
Bundesstaat Baja California an der Grenze zu den USA. • **la flota:**
Flotte; hier (fig.): Familie. • 21 f. **armar un escándalo:** großes Aufse-
hen erregen.

Raziel cantó y sus sobrinos entonaron una porra. Escucha la voz, entre amable y autoritaria, del aduanero: «Pase por favor.» Obedece con expresión de culpabilidad y no puede disimular su júbilo al mirar la luz
5 verde.

Ansiosa, empuja el carrito del equipaje hacia la salida. Se abre la puerta de cristal opaco que aísla a los viajeros de las comitivas de recepción y vislumbra a su hermana agitando los brazos. Espera que aparezcan
10 otros miembros de la familia pero sólo ve a su cuñado Raziel con la mano en alto y le sonríe.

Un maletero se acerca. Raziel lo intercepta: «Déjelo. Yo me lo llevo. Para eso vine …» Con movimientos enérgicos, se carga la mochila en la espalda y con la
15 mano izquierda toma las cajas. Aurelia grita: «Deja que te ayuden. Eso está muy pesado: te puedes derrengar.» Raziel ve a un grupo de turistas en bermudas y no pierde la oportunidad de lucirse ante ellas: «En el gimnasio cargo cosas mucho más pesadas.»
20 Sandra ve alejarse al muchacho de acento norteño. Nadie fue a recibirlo. A ella, en cambio, le dan la bienvenida su cuñado y su hermana; y no duda que de un momento a otro aparecerán los demás miembros de la familia.

1 **entonar:** anstimmen. • **la porra** (Méx.): Schlachtgesang. • 3 f. **la culpabilidad:** Schuld. • 4 **disimular:** verbergen. • **el júbilo:** Freude. • 6 **ansioso/a:** eilig. • **el carrito de equipaje:** Gepäckwagen. • 7 **aislar a alg. de:** jdn. trennen/isolieren von. • 8 **la comitiva de recepción:** Empfangskomitee. • **vislumbrar:** undeutlich sehen, ausmachen. • 9 **aparecer:** erscheinen, auftauchen. • 12 **interceptar a alg.:** jdn. stoppen, zurückweisen. • 16 f. **derrengarse:** sich verrenken. • 18 **lucirse:** sich hervortun, angeben.

Sandra abraza a su hermana y le pregunta: «¿Vinieron sólo ustedes dos?»

«Las gemelas entraron de eventuales en Wal Mart y Diego fue a ver si lo contratan en Office Depot, pero al rato van para la casa.» Toma el abrigo que Sandra lleva en el brazo: «¡Qué bonito! ¿Es de pieles?»

«No, pero es muy lavable», responde Sandra con orgullo.

III

Raziel maneja. Aurelia va a su lado. Sandra ocupa el asiento trasero y mira por la ventanilla: «¿Dónde estamos?»

«Cerquita del Peñón. ¿A poco ya no reconoces, cuñada?», pregunta Raziel mientras acciona el botón del ventilador inalámbrico. «Te pongo aire suavecito.»

Sandra mira el ventilador. Es idéntico al que compró para Raziel en San Diego. «Bueno, así tendrá dos», piensa y sigue mirando por la ventanilla.

«Ah, sí: es el Peñón. Lo que pasa es que cuando me

---

1 f. **vinieron:** *vinisteis* (im lateinamerikanischen Spanisch steht überwiegend statt der 2. Person Plural die 3. Person Plural – wenn nötig, mit »ustedes« als Personalpronomen). • 3 **el eventual** (Méx.): Arbeiter mit zeitlich befristetem Vertrag. • **Wal Mart:** Einzelhandelskonzern aus den USA. • 4 **contratar:** einstellen. • **Office Depot:** Büroausstatter aus den USA. • 5 **al rato:** gleich. • 7 **lavable:** waschbar. • 10 **manejar** (Am.): (Auto) fahren. • 11 **el asiento trasero:** Rücksitz. • 13 **el Peñón:** Hügel nördlich des intern. Flughafens mit einer Quelle, der Heilkräfte nachgesagt werden. • **a poco ya no reconoces** (Méx.): erkennst du ihn etwa nicht wieder? • 14 **accionar:** betätigen, drücken.

fui no estaba tan oscuro y había más arbolitos y menos casas.»

«No vayas a salirnos conque ya no te gusta México», protesta Aurelia.

5 «Pero si me encanta. No sabes las ganas que tenía
de regresar y verlos. ¿Le dijiste a Pancho que llega-
ba?»

«No. Desde que se casó, para él no hay más familia
que la de su mujer. Como tienen dinerito …»

10 «Dile la verdad», corrige Raziel. «Le pedí que me
ayudara a conseguir trabajo en la tintorería de su sue-
gro. Creo que eso lo molestó, porque dejó de hablarnos.»

«¿No estabas muy bien en el gimnasio, Raziel?»,
15 pregunta Sandra, sorprendida.

«*Estaba,* pero ya no. A los baños va poca gente y al
gimnasio menos. Los clientes de toda la vida se fueron
al *gym* porque allí hay aparatos más modernos. Don
Epifanio cualquier día cierra el negocio y entonces sí
20 a ver cómo le hago, porque a mi edad …»

«Pero ni creas que voy a permitir que le ruegues
otra vez a Pancho. Y lo que es yo, no pienso volver a
hablarle.» Aurelia se dirige a Sandra: «Pero tú sí llá-
male y dile que estás en México.»

25 «Sólo por dos semanas.» Sandra recupera el entu-

---

3 **salir a alg. conque** (Méx.): jdm. weismachen, dass. · 5 **la(s) gana(s):**
Lust, Verlangen. · 9 **tener dinerito** (Méx.): reichlich Geld haben. ·
17 **los clientes de toda la vida:** die Kunden, die schon immer kamen;
die Stammkunden. · 18 **el gym** (fam.): *el gimnasio:* hier: Fitnessstu-
dio. · 20 **a ver cómo le hago** (Méx., fam.): mal sehen, wie ich klarkom-
me. · 22 **y lo que es yo:** und was mich betrifft.

siasmo: «Quiero ir a tantas partes: primero a la Villa, al panteón a ver mis papacitos y después, aunque no me lo crean, al jardín de San Isidro. ¿Te acuerdas que íbamos mucho, Aurelia?»

5 «Uy, qué te cuento: arrancaron los árboles, quitaron las bancas y todo para hacer una megaplaza. Las gemelas le dicen *mall*. Está bonito y hay de todo. El otro día me compré en J.C. Penney una batidora de doce velocidades y un cuchillo eléctrico, todo por
10 setecientos pesos. Estuvo bien, ¿no? Si quieres, te llevo.»

«¡Cómo se te ocurre!», exclama Raziel. «De esas tiendas debe haber miles en San Diego. ¿Tú qué quieres, Sandra?»

15 «Estar con ustedes, recorrer la colonia. ¿Sabes qué se me antoja mucho, Aurelia? Ir a la tiendita del *Viudo*.»

«Tampoco está. Desde que pusieron un Oxxo en la otra esquina, su negocio se vino abajo y el *Viudo* tuvo
20 que cerrarlo», Aurelia se pone lúgubre. «Hace poco lo encontraron muerto en su cuartito. Dicen que fue el gas, yo pienso que se suicidó.»

---

1 **La Villa:** La Villa de Guadalupe; Wallfahrtsort im Norden von Mexiko-Stadt auf dem Berg Tepeyac, wo sich die Basílica de la Virgen de Guadalupe befindet. • 2 **el panteón:** Gruft, Grab. • **los papacitos** (dim.): *los papás* (Am., fam.): Eltern. • 5 **qué te cuento** (Am.): was soll ich dazu sagen. • **arrancar:** ausreißen. • 7 **mall** (ingl.): Promenade; Einkaufszentrum. • 12 **¡Cómo se te ocurre!:** Du kommst auf Ideen! • 15 **recorrer algo:** durch etwas gehen, hindurchspazieren. • **la colonia** (Méx.): Stadtviertel. • 15 f. **qué se me antoja mucho:** worauf ich richtig Lust hätte. • 17 **el viudo / la viuda:** Witwe(r). • 18 **Oxxo:** mexikanische Handelskette. • 19 **venirse abajo** (fam.): scheitern, ‚eingehen‘. • 20 **lúgubre:** traurig.

«¡Pero qué terrible!», exclama Sandra. «Nunca me imaginé …»

«Aurelia, ya no hables de cosas feas con tu hermana», Raziel ve a Sandra por el espejo retrovisor. «¿Tienes hambre?»

«Sí, la comida del avión estaba imposible. No la probé.»

«Qué bueno, porque encargué unas pizzas mexicanas. Tienen su chilito y todo, pero ni creas que pica como antes.»

Sandra piensa en Mercedes: ¿qué diría si supiera que las dos, una en San Diego y otra en México, están comiendo lo mismo?

México D. F. Domingo 23 de noviembre de 2003

1 **exclamar:** (aus)rufen. · 4 **el espejo retrovisor:** Rückspiegel. · 8 **encargar:** hier: bestellen. · 9 **el chilito** (Méx., fam.): eine Menge Chili. · **picar:** hier: brennen.

Mole verde

I

¿Cómo iba a imaginarse lo que le pasaba a la señora
Marta? Primero, no escuché lo que conversó en el teléfono y después que colgó no la vi llorar ni me dijo
nada. Aunque viene bastante, doña Marta y yo pocas
veces conversamos. Ella no tiene tiempo y yo menos.
Por increíble que parezca, sobre todo en las mañanas,
no tengo un minuto libre para mis cosas, menos para
meterme en las ajenas.

Este negocio es pequeño, pero me come mucho
tiempo: despacho, llevo las cuentas, hago los pedidos,
acomodo la mercancía, barro la calle y por si fuera poco tengo que llamar a los vecinos cuando les hablan
por teléfono.

Por el rumbo no hay casetas. Desde el día que le fa-
cilité mi teléfono a la muchacha que trabaja en la fonda de la esquina se hizo costumbre que vinieran otras
personas del rumbo para hacer sus llamadas o recibir

---

1 **el mole** (Méx.): hier: leischgericht mit Pfeffersoße. · 6 **bastante:**
(ziemlich) häufig. · 8 **por increíble que parezca:** so unglaubwürdig es
auch scheinen mag. · 10 **ajeno/a:** fremd, anderen gehörig. · 12 **despa-
char:** bedienen, verkaufen. · **llevar las cuentas:** die Buchführung machen. · 13 **acomodar algo:** etwas einsortieren. · 13f. **por si fuera poco:**
als wenn das nicht genug wäre. · 16 **por el rumbo** (Méx.): in der Ge-
gend. · **la caseta (telefónica):** Telefonzelle. · 16f. **facilitar algo a alg.:**
jdm. etwas zur Verfügung stellen.

los recados. Como todos se ofrecieron a pagarme
unos centavitos extras por el servicio, creí que estaba
haciendo el negocio de mi vida. Ahora comprendo
que me equivoqué: lo que saco en dinero no es nada
5 en comparación a lo que gano en problemas. Él que
ahora tengo con los vecinos, y sobre todo con la señora Marta, pude habérmelo ahorrado negándome a
prestarles mi teléfono.

En mi casa me dicen que exagero, que no es para
10 tanto, que ya no me mortifique; pero ni modo de hacerme de la vista gorda cuando sé bien lo que anda di-
ciendo la gente: que soy una egoísta metalizada, que
lo único que me importa es el billete. No es cierto:

Dios sabe que desde que me enteré de lo que le su-
15 cedió a Remigio me siento muy triste por él y por su
familia.

II

Pobre Remigio: morirse a los trece años, de un modo
tan feo y sin que su familia haya podido enterrarlo. Si
20 a mí me dolió tanto saberlo, ¿cómo les estará pasando
a don Fermín y a la pobre de Marta? Dicen que ella
está deshecha, algunos comentan que ya se volvió loca. Esto porque cuando las mujeres se ofrecieron a re-

1 **el recado:** Nachricht, Anruf. · 10 **mortificarse:** sich quälen; hier: sich
Sorgen machen. · **ni modo de** (+ inf.; Am.): unmöglich zu. · 10f. **hacerse de la vista gorda** (Méx., fam.): darüber hinwegsehen. · 12 **metali-
zado/a:** hier (fig.): materialistisch, geldgierig. · 22 **deshecho/a** (fam.):
aufgelöst.

zar con ella la novena, ni les hizo caso y siguió meneando y dándole probaditas al mole verde.

Ese era el guisado predilecto de Remigio. Lo sé porque él me lo contó. Poco antes de irse vino a pre-
5 guntarme si también recibiría llamadas por cobrar. «Según de dónde vengan.»

«Del Norte.»

«¿Y quién viaja?» El niño me contestó que pensaba irse primero a Tijuana y después a San Isidro. Como
10 muchos de por aquí se van sin avisarle a la familia, sospeché que Remigio quisiera hacer lo mismo. «¿Tus papás ya lo saben?»

«Sí.»

Ese muchachito siempre me simpatizó, por eso me
15 atreví a meter mi cuchara: «Yo, en el caso de tu madre, no te dejaría ir. Es peligroso y luego los que se van no regresan. ¿Piensas quedarte por allá?» No. Los proyectos de Remigio eran otros: trabajar un tiempo y regresarse a México con sus buenos billetes.
20 Me contagió su entusiasmo. «¿Y qué piensas hacer

---

1 **la novena:** neuntägige (Toten-)Andacht. • **hacerle caso a alg.:** jdn. beachten, sich um jdn. kümmern. • 1f. **menear:** umrühren. • 2 **dar probaditas a algo** (Méx.): etwas abschmecken. • 3 **el guisado:** (Schmor-)Gericht. • **predilecto/a:** Lieblings… • 5 **la llamada por cobrar:** R-Gespräch (Telefonat, bei dem der Angerufene die Kosten trägt). • 9 **Tijuana:** Stadt im mexikanischen Bundesstaat Baja California an der Grenze zu den USA. • **San Isidro:** San Ysidro, südlicher Stadtteil von San Diego (Kalifornien); in San Ysidro befindet sich die Grenzstation zwischen den USA und Mexiko, auf der anderen Seite der Grenze liegt das mexikanische Tijuana. • 12 **los papás** (Am., fam.): Eltern. • 14 **simpatizar a alg.:** für jdn. Sympathie empfinden, jdn. mögen. • 15 **meter su cuchara** (fam.): seinen Senf dazugeben. • 20 **contagiar a alg.:** hier (fig.): jdn. anstecken.

con tu dinero?», le pregunté. «Antes que nada, una
fiesta. Se va a poner buena. Desde ahorita queda invi-
tada. Mi mamá cocinará lo que más me gusta: mole
verde.» Con el resto de sus ganancias Remigio pensaba comprarles a sus padres un terrenito donde pudieran construir un cuarto «y después otro y otro hasta
que tengamos la casa más grande de esta colonia.»

III

Remigio nada más realizó la primera parte de sus sueños: pasó en el norte los últimos dos meses de su vida.
En todo ese tiempo al menos una vez por quincena se
comunicaba para acá. Hasta yo sentía bonito de oir la
voz de la operadora: «De Tijuana habla por cobrar
Remigio Dávalos. ¿Se acepta la llamada?» Nunca lo
pensé dos veces. Marta ya me había dado instruccio-
nes: «Siempre que sea mi hijo, o alguien de parte suya,
échame un grito.»

Durante las conferencias, doña Marta casi no decía
nada, nomás se quedaba oyendo al hijo contarle sus
aventuras. Debieron de ser muchas porque las conversaciones eran medio larguitas. Seguro que en los
últimos tiempos la pobre mujer sólo trabajó para pa-

---

1 **antes que nada**: vor allem. · 2 **ahorita** (Am., fam.): jetzt. · 4 **la ganancia**: Lohn, Verdienst. · 5 **el terrenito** (dim.): *el terreno:* Grund-
stück. · 6 **el cuarto**: hier (Méx.): Einraumwohnung. · 7 **la colonia**
(Méx.): Siedlung, Stadtviertel. · 9 **nada más** (Méx.): nur. · 11 **la quincena**: Zeitraum von zwei Wochen. · 13 **el operador / la operadora:**
Telefonvermittler(in). · 16 **siempre que** (+ subj.): vorausgesetzt, dass. ·
19 **nomás** (Am.): lediglich. · 21 **medio larguito/a**: ziemlich lang.

garme el teléfono. Por cierto, nunca me pidió fiado.
Es más, se quedaba conmigo esperando a que la operadora nos dijera el costo del servicio.

Por eso me extrañó tanto que antier en la mañana
se fuera sin pagarme. En la tardecita, cuando mi Betzabé regresó de la secundaria, le dije: «Pásate a la casa
de doña Marta y le dices que si de favor me manda lo
del teléfono y lo de su compra. Le enseñas el apunte
para que recuerde lo que se llevó: medio kilo de pepita, un frasco de consomé, un kilo de tomates verdes y
una lechuga; le explicas que las yerbas de olor y las
hojas de aguacate se las regalo.»

Doña Marta me pidió todo eso después de que colgó el teléfono. No me extrañó que la conferencia la
hubiera pedido un tal Joaquín Benavides pero sí que
hubiera sido tan breve, y por eso pregunté: «¿Qué noticias le dieron del Remi?» En vez de contestarme, doña Marta se apuró a meter todas las cosas en la bolsa
que le di y luego salió corriendo. Comprendí que tenía
prisa, no quise entretenerla y por eso pensé: «Apenas
regrese mi Betzabé, la mando para que cobre.»

Al poquito rato de haberse ido, mi hija regresó des-

---

1 **pedir fiado a alg.:** bei jdm. anschreiben lassen. · 3 **el costo:** Preis. ·
4 **me extrañó:** es wunderte mich. · **antier** (fam.): vorgestern. · 5 **la tardecita:** Spätnachmittag. · 6 **la secundaria:** (weiterführende) Schule,
Hauptschule. · 8 **enseñar:** hier: zeigen. · **el apunte:** Aufzeichnung,
Notiz; hier: Einkaufszettel. · 9 f. **la pepita:** (Kürbis-)Kern. · 10 **el frasco:** Flasche, Glas. · **el consomé:** Bouillon. · 11 **las yerbas de olor:**
Würzkräuter. · 12 **el aguacate:** Avocado. · 18 **apurarse a hacer algo**
(Am.): sich beeilen etwas zu tun. · 20 **entretener a alg.:** hier: jdn. aufhalten. · 20 f. **apenas regrese** (Méx.): sobald sie nach Hause kommt. ·
22 **al poquito rato de haberse ido** (Méx., fam.): kurz nachdem sie gegangen war. · 22 f. **despavorido/a:** entsetzt.

pavorida y don Fermín detrás de ella gritándole muchas insolencias: «Infeliz, perra, eres igual que tu madre: con tal de ganarse un centavo son capaces de pasar por encima de quien sea, hasta de un muerto.»
5 Aquello me agarró tan de sorpresa que no se me ocurrió más que abrazar a mi muchacha para protegerla, pues ya se me figuraba que el hombre se le iba encima a los golpes.

Don Fermín siguió insultándonos y diciéndonos no
10 sé cuánto de lo que me debía pero luego, de repente, empezó a doblarse hasta que se cayó junto a las cajas de refresco. Pensé que era un infarto y corrí a ver. Sentirme cerca bastó para que el hombre se soltara llorando como una criatura. Al verlo sentí la cosa más
15 horrible, a la mejor porque no estoy impuesta a ver que los hombres lloren.

Tuve una mala corazonada y por desgracia no me equivoqué. Ahogándose, con muchas dificultades, don Fermín me explicó que la llamada de en la maña-
20 na la había hecho un conocido de su hijo para avisar

2 **la insolencia:** Unverschämtheit. • **infeliz:** unglücklich; hier: elend. • 3 **con tal de** (+ inf.): wenn es darum geht zu. • 3f. **pasarle por encima de alg.:** über jdn. herfallen, herziehen. • 5 **agarrar a alg. tan de sorpresa:** jdn. derart überraschen (*agarrar:* packen). • 5f. **no se me ocurrió más que:** es fiel mir nichts anderes ein als. • 7 **se me figuraba que:** es kam mir so vor, als ob. • 7f. **se le iba encima a los golpes** (Méx.): ... er sie verprügeln wolle. • 9f. **no sé cuánto de lo que me debía:** ich weiß nicht, was alles zu der Summe, die er mir schuldete. • 11 **doblarse:** sich krümmen. • 13f. **soltarse llorando:** in Tränen ausbrechen. • 14 **la criatura:** hier: Kind. • 15 **a la mejor** (Méx.): *a lo mejor:* vielleicht. • **estar impuesto/a a** (+ inf.): gewohnt sein zu. • 17 **la mala corazonada:** böse Vorahnung. • **por desgracia:** leider. • 18 **ahogarse:** ersticken; hier: mit erstickter Stimme sprechen.

que el Remi estaba muerto. Enseguida saqué conclusiones: «¡Le dispararon los de la *migra*!» Como si estuviera loco, don Fermín empezó a reirse y luego volvió a llorar.

5 No era para menos: me contó que Remigio había muerto al caer de un camión, atestado de indocumentados, rumbo a San Isidro: «Mi muchacho iba atrás, recargado contra la puerta; debió estar mal cerrada porque en una vuelta que dio el chofer, se abrió y mi
10 niño se cayó a la carretera. Las llantas lo hicieron pedazos y allí quedó.» La muerte del chamaco me dolió muchísimo y me solté llorando. Quién sabe qué pensaría don Fermín porque enseguida se levantó y antes de salir de mi estanquillo me tiró a la cara un montón
15 de billetes arrugados.

Para esos momentos ya habían llegado a mi estanquillo un montón de curiosos, así que oyeron cuando mi vecino me gritó: «Tome, cóbrese. No queremos deberle nada a nadie y menos a usted. Pinche vieja: le

---

2 **disparar a alg.:** jdn. erschießen. • **la migra** (Méx.): amerikanische Einwanderungsbehörde sowie US-Grenzpatrouille, die die Grenze zu Mexiko überwacht (engl.: Border Patrol). • 4 **llorar:** weinen, heulen. • 5 **no era para menos:** das war keineswegs der Fall. • 6 **atestado/a de:** vollgestopft mit, voll von. • 6f. **el indocumentado** (Méx.): illegaler Einwanderer in die USA (*estar indocumentado:* keine Ausweispapiere besitzen). • 7 **rumbo** (m.) **a:** in Richtung. • 8 **recargado/a:** gepresst. • 8 **recargarse contra algo** (Méx.): sich gegen etwas lehnen. • 9 **dar una vuelta:** hier: eine Kurve fahren. • **el chofer** (Am.): *el chófer:* (Kraft-)Fahrer. • 10 **la llanta** (Am.): Autoreifen. • 11 **el chamaco** (Méx.): Junge. • 14 **el estanquillo** (dim.): *el estanco:* hier: Laden. • 15 **arrugado/a:** zerknittert. • 16 **para esos momentos:** in der Zwischenzeit. • 19 **pinche** (Méx., fam.): mies, erbärmlich.

puede tanto el dinero que ni siquiera se esperó hasta
mañana para cobrarnos.» Intenté aclarar las cosas pero don Fermín no quiso oirme. Se fue y con él toda la
gente.

Juro por Dios santo que antier en la mañana doña
Marta no me dijo nada, ni lloró, ni hizo nada de lo que
yo habría hecho en caso de que alguien me hubiera
dado una noticia tan mala. Entonces, ¿cómo iba a saber de la muerte de Remigio? Ella es de por sí muy
seria, siempre tiene mucho que lavar, así que ni me
extrañó que agarrara su pedido y se fuera volando.

Las noticias ya corrieron por todo el rumbo. A estas
horas las gentes piensan que soy una infeliz, que lo
único que me importa es el dinero. No es cierto, y menos que doña Marta se haya vuelto loca. Yo la entiendo, sé lo que ella sabe también: que desde ahora y para siempre, cuando quiera hacerse las ilusiones de que
su hijo no está muerto se pondrá a cocinar el platillo
predilecto de Remigio: mole verde.

México D. F. Domingo 2 de marzo de 1997

---

1 **poder a alg.** (fam.): jdn. beherrschen. • 9 **de por sí:** an sich, von Haus
aus. • 11 **irse volando:** davoneilen.

Editorische Notiz

Die spanischen Texte werden in der von *La Jornada* online zur Verfügung gestellten Version abgedruckt (http://www.jornada.unam.mx). Das Glossar enthält alle Wörter, die nicht im *Thematischen Grund- und Aufbauwortschatz Spanisch* von José María Navarro und Axel J. Navarro Ramil (Stuttgart: Klett, 2001) enthalten sind. Dabei wird der Grundwortschatz in der Regel als bekannt vorausgesetzt; Wörter, die zum Aufbauwortschatz zählen, sind bei Bedarf hier erklärt. Allerdings wurde bei auch im Deutschen verständlichen Wörtern auf eine Erklärung verzichtet. – Die Texte sind separat glossiert, so dass sie unabhängig voneinander gelesen werden können.

Im Glossar verwendete spanische Abkürzungen

alg.	alguien, alguno (jemand)
Am.	Americanismo (Amerikanismus: nur in Lateinamerika gebräuchlich)
dim.	diminutivo (Verkleinerungsform)
f.	femenino (weiblich)
fam.	lenguaje familiar (umgangssprachlich)
fig.	sentido figurado (sinnbildlich, übertragen)
inf.	infinitivo (Infinitiv)
ingl.	inglés (englisch)
interj.	interjección (Interjektion)
m.	masculino (männlich)
Méx.	México (nur in Mexiko gebräuchlich)
pey.	peyorativo (abwertend)
pl.	plural (Plural)
subj.	subjuntivo (spanischer Konjunktiv)
vulg.	lenguaje vulgar (vulgär)

Literaturhinweise

Buchpublikationen mit Erzählungen
von Cristina Pacheco

1984 **Sopita de fideo.** Ediciones Océano. Neuausg. Aguilar, León y Cal Editores 1989. ISBN 968-493-188-3.
1986 **Cuarto de azotea.** SEP / Ediciones Gernika. ISBN 968-29-1040-4.
1987 **La última noche del "Tigre".** Ediciones Océano. ISBN 968-493-130-1.
1996 **Amores y desamores.** Selector. ISBN 968-403-958-1.
1998 **Los trabajos perdidos.** Editorial Océano de México. ISBN 970-651-212-8.
1998 **Felicidades, abuelito.** Instituto de Seguridad y Servicios Sociales de los Trabajadores del Estado. ISBN 968-825-290-5 (968-825-285-9).
2002 **Limpios de todo amor.** Editorial Océano de México. ISBN 970-651-512-7.
2010 Cristina Romo Hernández (Cr. Pacheco): **Humo en tus ojos.** Planeta México. ISBN 978-607-07-0318-8.

Weiterführende Literatur

Cristina Pacheco, Contra la indiferencia y el olvido
  http://www.redescolar.ilce.edu.mx/redescolar/memorias/
  escritoras_hispano01/clcristinap.htm
Cristina Pacheco, por el once naturalmente
  http://www.oncetv-ipn.net/cristina_pacheco/cristina/index.
  htm
Cristina Pacheco: Cuando no hay tiempo para soñar
  http://www.clublectores.com/entrevistas/cristina_pacheco.
  htm

Cristina Pacheco se inspira en gente que lucha
http://www.informador.com.mx/cultura/2010/189912/6/
cristina-pacheco-se-inspira-en-gente-que-lucha.htm

Cristina Pacheco llega con su más reciente libro "Humo en tus ojos"
http://www.informador.com.mx/cultura/2010/182223/6/
cristina-pacheco-llega-con-su-mas-reciente-libro-humo-en-tus-ojos.htm

Bustamante Bermúdez, Gerardo: Cristina Pacheco un Mar de historias. In: La Jornada Semanal. 2 de abril de 2006. Núm. 578.
http://www.jornada.unam.mx/2006/04/02/sem-cristina.html

Schaefer-Rodriguez, Claudia: Embedded Agendas: The Literary Journalism of Cristina Pacheco and Guadalupe Loaeza. In: Latin American Literary Review. Vol. XIX. July–December 1991. Number 38.

Shaw, Deborah: The Literary Journalism of Guadalupe Loaeza and Cristina Pacheco. In: Bulletin of Latin American Research. Vol.18, Issue 4. October 1999. S. 437–450.

Nachwort

Wer sich hierzulande mit der mexikanischen Schriftstellerin und Fernseh- und Radiomoderatorin Cristina Pacheco und ihrem Werk befassen will, ist auf Zufallsfunde angewiesen oder auf gezielte Hinweise von in Mexiko lebenden Freunden, das seltene und daher überraschende Auftauchen eines ihrer Buchtitel in einem Bücherverzeichnis, die Sonntagsausgabe der Zeitung *La Jornada* und das Internet. Dieser Umstand mag Erstaunen hervorrufen, ergibt sich doch aus den Informationen, dass es sich bei Cristina Pacheco um eine in ihrem Land sehr bekannte Journalistin und Schriftstellerin handelt.

Sie stammt aus dem im mexikanischen Bundesstaat Guanajuato liegenden Ort San Felipe de Torres Mochas, der für die Geschichte des Landes dadurch interessant ist, dass der spätere Anführer im Kampf gegen die spanische Herrschaft, Miguel Hidalgo, dort etwa ein Jahrzehnt lang das Pfarramt innehatte, ehe er sich nach Mexiko-Stadt begab. Auch Cristina Pacheco ist in Mexiko-Stadt aufgewachsen, hat also mit ihrer Familie früh den Weg aus einem ländlich geprägten Milieu in die Metropole gefunden, selbst Migrationserfahrungen sammeln können und dabei die vielfältigen Veränderungen, die ein solcher Wechsel mit sich bringt, kennengelernt.

Foto © Blanca Charolet

Bereits in frühen Jahren hat sie sich während ihrer Studienzeit der Arbeit in verschiedenen Medien zugewandt. Zunächst waren es Beiträge in Zeitungen und Zeitschriften, später kam die Arbeit als Moderatorin in Rundfunk und Fernsehen hinzu. Große Anerkennung haben ihre Fernsehsendungen »Aquí nos tocó vivir« (etwa: »Hier mussten wir unser Leben verbringen«) und »Conversando con Cristina Pacheco« (»Im Gespräch mit Cristina Pacheco«) gefunden. »Aquí nos tocó vivir« wird seit 1978 gesendet, und zum zwölften Jahrestag der ersten Sendung von »Conversando con Cristina Pacheco« wurde bei Once-TV am 25. September 2009 eine große Gala veranstaltet. Für ihre Arbeit als Journalistin wurde sie mehrfach mit Preisen ausgezeichnet.

Neben dieser journalistischen Tätigkeit hat sich Cristina Pacheco als Schriftstellerin hervorgetan und mehrere Anthologien ihrer Erzählungen veröffentlicht (s. die Literaturhinweise). Seit 1986 hat sie eine eigene Kolumne in der mexikanischen Tageszeitung *La Jornada*, wo sie jeweils in der Sonntagsausgabe eine Erzählung veröffentlicht. Das ergibt, lediglich auf *La Jornada* bezogen, etwa 1300 Beiträge, die meisten in der Form der Kurzgeschichte, einige auch in dialogischer Form als Minidramen, insgesamt ein überzeugender Ausweis für den Titel, den sie ihrer Kolumne gegeben hat: »Mar de historias« – »Meer von Geschichten«, ein Titel, der mittlerweile zu einer Art Markenzeichen geworden ist, was dazu beigetragen hat, dass die Umbenennung 2006 in »Eje central« (»Mittelachse«) von nur kurzer Dauer war.

Über sich selbst und ihre Arbeit sagt sie in Anspielung auf einen Ausspruch des mexikanischen Anthropologen Fernando Benítez, dass sie sich als »Abfallsammlerin« (»pepenadora«) versteht, die überall nach Stücken der Geschichte (»pedacitos de historia«) sucht, um sie zu erzählen[1] und auf diese Weise weiterzuverarbeiten. Alle diese gesammelten »Bruch-

---

1 http://oncetv-ipn.net/cristina_pacheco/cristina/cristina/entrevista_005.htm (Übers. K.-H. A.).

stücke« haben mit Konflikten und Krisen zu tun und verdeut-
lichen die Art, in der die Menschen ihnen begegnen, wie sie
sich verhalten, was sie sagen und denken, welcher Art ihre
Befürchtungen und Hoffnungen sind.

Die Art des Vorgehens, das Cristina Pacheco in ihren Sen-
dungen wählt, ist das Gespräch, das Interview, das sie behut-
sam und zurückhaltend führt, um den Menschen den Raum
und die Gelegenheit einzuräumen, das zu erzählen, was sie
bewegt. Auch in ihren »historias« lässt Cristina Pacheco die
Personen selbst ihre Ansichten formulieren, wobei sie sich
weitgehend auf den zwischen den Beteiligten stattfindenden
Dialog, wenn es sich um mehrere Personen handelt, oder die
monologische Erzählung der jeweiligen Hauptperson beschränkt oder sich der Form des inneren Monologs bedient.
Nur gelegentlich wird der Verlauf der Erzählung durch kurze
Beschreibungen nach der Art von Regieanweisungen ver-
deutlicht. Dabei ergibt es sich fast zwangsläufig, dass die
Chronologie der Erzählung, ihr linearer Ablauf, nicht immer
mit der Chronologie des Erzählten übereinstimmt. In die dargestellten Vorgänge und Verhaltensweisen der Personen flie-
ßen nämlich Bewusstseinsinhalte und -zustände, zu Wissen
geronnene Erfahrungen und früher gewonnene Erkenntnisse
ein, die zwar anderen Lebensabschnitten zuzuordnen sind,
aber in der gegenwärtigen Situation als erinnerte Vergangen-
heit und verfestigte Erfahrungen und Überzeugungen die
Gegenwart der geschilderten Vorgänge beeinflussen, bisweilen sogar bedingen, so dass sich ein häufiger Wechsel der Er-
zählperspektive ergibt.

Die Menschen, mit denen sich Cristina Pacheco auf diese
Weise beschäftigt, sind diejenigen, von denen anzunehmen
ist, dass sie im gesellschaftlichen Leben ihre Stimme nicht
hörbar erheben können, die daher eher zu Randgruppen ge-
hören. Das thematische Angebot ihrer »historias« ist vielfäl-
tig: Beziehungskrisen und -konflikte, Eifersuchtsszenen, Ge-
walttätigkeit, Generationenkonflikte, insbesondere zwischen
Mutter und Tochter, damit verbunden die unterschiedliche

Stellung und Wertschätzung von Söhnen und Töchtern inner-
halb der Familie, die Probleme der Frauen, die von ihren
Männern verlassen werden und vor der Schwierigkeit stehen,
ihre Kinder auf eine bessere Zukunft vorzubereiten, welche
aber angesichts der allgemeinen sozialen Lage und der geschilderten Umstände und Ereignisse wenig Raum für Hoff-
nung lässt. Die soziale Lage, insbesondere das Fehlen von
Arbeitsplätzen und die Arbeitsbelastung der Frau, die allein
für sich und ihre Kinder aufkommen muss, ist ein häufig wie-
derkehrendes Element.

Die Fülle an Gestaltungen, Formen und Situationen er-
scheint angesichts der bisher in *La Jornada* erschienenen Geschichten fast unermesslich und bildet einen großen Teil der
mexikanischen Gesellschaft wie in einem riesigen Mosaik
oder Gemälde ab. Wenn auch die grundlegenden Themen ihrer Erzählungen über die Jahre die gleichen bleiben, hat dennoch jede einzelne Geschichte etwas Einmaliges und Unver-
wechselbares. Sie alle haben Situationen des Alltags zum Gegenstand, in denen sich widerstreitende Interessen und
Auffassungen begegnen oder die handelnden Personen in ihren früheren Erlebnissen den Schlüssel zum Verständnis der
Gegenwart suchen und ihn dann auch finden. Da in der Regel die in ihren Erzählungen auftretenden Personen bekennt-
nisartig ihre jeweilige Geschichte erzählen, bei der die Autorin Zuhörerin oder Zeugin ist, als »pepenadora« sammelt,
was sich ergibt, und dies dann ordnet, ergibt sich eine forma-
le Ähnlichkeit mit ihrer Arbeit in den übrigen Medien, in denen sie die Form des Gesprächs oder Interviews verwendet.
Es ist daher nicht sonderlich erstaunlich, dass es Leser gegeben hat, die der Auffassung waren, Cristina Pacheco würde
in ihren »historias« lediglich ihre Medienarbeit in anderer
Form fortsetzen, eine Auffassung, die sie in einer Selbstdar-
stellung folgendermaßen kommentiert: »Der Anspruch, den
ich mit meinen Geschichten verbinde, ist der, dass sie als voll
und ganz der Wirklichkeit entsprechend erscheinen. Ich muss
sagen, dass mir daraus ein Problem entstanden ist, weil es

Leute gibt, die glauben, dass es sich um Geschichten handelt, die mir irgendeiner erzählt und die ich dann zu Hause niederschreibe. Alle Bestandteile meiner Geschichten sind voll und ganz erfunden, aber mich begeistert die Idee, dass irgendeiner glauben könnte, sie entsprächen völlig der Wirklichkeit«.[2]

Cristina Pacheco lässt ihre Personen ausgiebig zu Wort kommen; ihre Äußerungen – Vorwürfe, Rechtfertigungen, Erklärungen, Erwartungen, Erinnerungen, Stellungnahmen, Entscheidungen – entsprechen der subjektiven Auffassung der jeweiligen Personen; die Autorin bleibt im Hintergrund, schiebt sich nicht zwischen Erzähler und Leser, kommentiert die von den Personen vertretenen Ansichten nicht. Sie gibt vielmehr die Worte ihrer Personen bzw. Gedankenabläufe wieder und beschränkt sich auf für das Verständnis der jeweiligen Situation förderliche kurze Beschreibungen und Hinweise. Dieser Gesprächsstil bringt es auch mit sich, dass die Sprache, in der die Geschichten geschrieben sind, Alltagssprache ist, so dass es nicht schwerfällt, dem Ablauf der jeweiligen Geschichte zu folgen, selbst da, wo es sich um umgangssprachliche Elemente handelt, da sie aus der konkreten Situation heraus verständlich sind.

Die hier zusammengestellten Geschichten, die ausnahmslos zuerst in *La Jornada* veröffentlicht wurden, weisen in unterschiedlicher Deutlichkeit einen Bezug zu einem für Mexiko wichtigen Thema, die (oft illegale) Arbeitsemigration in die Vereinigten Staaten, auf. Der Umstand jedoch, dass sich diese sechzehn Geschichten über den Zeitraum eines Jahrzehnts verteilen, mag als Ausweis dafür genommen werden, dass es Cristina Pacheco, im Gegensatz zu häufigen Berichten in der Tagespresse, vor allem der nördlichen Bundesstaaten Mexikos, nicht in erster Linie um die sozialen und politischen Aspekte des Themas geht, dieses ihr vielmehr als Folie dient, vor deren Hintergrund sich ebenfalls menschliche Dra-

2 Periodismo, ficción e imaginación. In: http://oncetv-ipn.net/cristina_pacheco/cristina/cristina/entrevista_022.htm (Übers. K.-H. A.).

men abspielen. Ein vollständiges Hinweggehen über diesen Aspekt bei der Bedeutung des Themas für Mexiko wäre andererseits Anlass zu kritischen Nachfragen. Wenn man aber – trotz der durchgehend feststellbaren Fixierung auf die Problemlagen, in die die dargestellten Personen geraten oder in denen sie sich befinden – bedenkt, dass alle die hier versammelten Geschichten in Enttäuschung, Trostlosigkeit, Widerspruch oder gar Unglücksfällen mit tödlichem Ausgang enden, fällt es schwer, nicht anzunehmen, dass die Autorin durch die Themenwahl und die Art der Darstellung ihre Neutralität und Objektivität aufgibt und eine immanente Kritik am Wunschdenken des »american dream« übt, den sie als illusionär entlarvt und als tragische Folge der Verhältnisse in Mexiko erscheinen lässt, so dass letztlich im Zentrum der Kritik Mexiko selbst steht. Bestandteil dieser Kritik ist auch der Umstand, dass die Autorin ihre Hauptpersonen als ehrenwerte und sympathische Vertreter des einfachen Volks vorstellt, deren Handlungsweisen einer inneren Logik folgen und die nichts unversucht lassen, sich trotz der ihnen widerfahrenden Widrigkeiten zu behaupten. Als Leser kann man sich dieser Sympathiewerbung nicht entziehen, und oft genug führt die Lektüre in einen Zustand der Bewunderung, bisweilen auch des Mitleids, der Betroffenheit und Ergriffenheit, der Trauer und der Empörung angesichts der dargestellten Geschehnisse und Schicksale, des Scheiterns aller Bemühungen, eine Reaktion freilich, die sich erst im Verlauf der Lektüre herausbildet, um sich am Ende in vollem Umfang einzustellen.

Im Gegensatz zu dieser Betroffenheit des Lesers stehen die sehr nüchtern gehaltenen Titel, die durchweg eine eher sachorientierte Darstellung erwarten lassen. Diese Reaktion des Lesers wird auch durch die Art der Darstellung befördert: Oft knüpft Cristina Pacheco ihre Geschichten an einen alltäglichen, an sich unbedeutenden Vorfall, der eher oberflächlich anmutet, um dann aber ausgehend von dieser Oberflächlichkeit die tieferliegenden Strukturen aufzudecken, die den Gedanken nahelegen, dass den geschilderten Krisen und Konflikten in Wirklichkeit ein gesellschaftliches System zugrundeliegt, das die Personen in ihrem Handeln und Denken bestimmt und sie nicht aus dieser Verflechtung entlässt. Ihre Wirklichkeitserfahrung bliebe verborgen, wenn sie nicht in den Erzählungen der Autorin Cristina Pacheco eine Stimme erhielten und auf diese Weise ihre Ansichten und Erfahrungen darlegen könnten.

Karl-Heinz Anton

Spanische Fremdsprachentexte

IN RECLAMS UNIVERSAL-BIBLIOTHEK

Isabel Allende: El oro de Tomás Vargas. Cinco cuentos de Eva Luna. 136 S. UB 9131

Pedro Almodóvar: Todo sobre mi madre. Guión original. Mit Bildern aus dem Film. 208 S. UB 9135

Jorge Luis Borges: La biblioteca de Babel. Cuentos selectos y un poema. 159 S. UB 19788

Jorge Bucay: Déjame que te cuente … Selección de textos. 159 S. UB 19732

Miguel de Cervantes: El ingenioso hidalgo Don Quijote de la Mancha. Selección. 368 S. UB 19710

Cuentos hispanoamericanos. 215 S. UB 9140
  Quiroga – Borges – Carpentier – Cortázar – Bioy Casares – Rulfo – Benedetti – García Márquez – Fuentes – Vargas Llosa – Allende – Sepúlveda

Ariel Dorfman: La muerte y la doncella. 121 S. UB 9143

Laura Esquivel: Como agua para chocolate. 328 S. UB 19738

Federico García Lorca: Bodas de sangre. 119 S. UB 19718 – La casa de Bernarda Alba. 96 S. UB 9129 – Yerma. 104 S. UB 19761

Gabriel García Márquez: Crónica de una muerte anunciada. 168 S. UB 19717

Elvira Lindo: Manolito Gafotas. 208 S. UB 19785

Literatura española. De las Jarchas al siglo XXI. Antología. 296 S. UB 19702

Javier Marías: Cuando fui mortal y otros relatos. 137 S. UB 19709

Miguel Mihura: Tres sombreros de copa. Comedia en tres actos. 127 S. UB 9132

Pablo Neruda: Explico algunas cosas. Prosa y versos. 160 S. UB 19733

Cristina Pacheco: Mar de historias. Relatos del México de hoy. 141 S. UB 19804

Ramón J. Sender: Réquiem por un campesino español. 135 S. UB 19750

Luis Sepúlveda: Historia de una gaviota y del gato que le enseñó a volar. 144 S. UB 9133 – Un viejo que leía novelas de amor. 181 S. UB 19724

Antonio Skármeta: Ardiente paciencia. (El cartero de Neruda.) 208 S. UB 19706 – No pasó nada. 133 S. UB 19746

Tango, Bolero, Copla … Canciones populares modernas de España y de Hispanoamérica. 159 S. UB 19726

Mario Vargas Llosa: Los cachorros. 99 S. UB 19759

Manuel Vázquez Montalbán: El barco fantasma. Una investigación de Pepe Carvalho. 109 S. UB 9141

Philipp Reclam jun. Stuttgart